高校创新创业教育组织变革研究

罗正业 著

吉林大学出版社

·长春·

图书在版编目（CIP）数据

高校创新创业教育组织变革研究 / 罗正业著. -- 长春：吉林大学出版社，2022.11
 ISBN 978-7-5768-1046-2

Ⅰ. ①高… Ⅱ. ①罗… Ⅲ. ①高等学校－创造教育－研究－中国 Ⅳ. ①G640

中国版本图书馆CIP数据核字(2022)第210233号

书　　名	高校创新创业教育组织变革研究
	GAOXIAO CHUANGXIN CHUANGYE JIAOYU ZUZHI BIANGE YANJIU
作　　者	罗正业
策划编辑	黄国彬
责任编辑	马宁徽
责任校对	甄志忠
装帧设计	拓宏传媒
出版发行	吉林大学出版社
社　　址	长春市人民大街4059号
邮政编码	130021
发行电话	0431-89580028/29/21
网　　址	http://www.jlup.com.cn
电子邮箱	jldxcbs@sina.com
印　　刷	天津和萱印刷有限公司
开　　本	787mm×1092mm　1/16
印　　张	9.5
字　　数	172千字
版　　次	2023年5月　第1版
印　　次	2023年5月　第1次
书　　号	ISBN 978-7-5768-1046-2
定　　价	68.00元

版权所有　翻印必究

前　　言

近年来，创新创业教育越来越受到高校的重视，创新创业教育是新时期高校人才培养路径改革的重要方式，是提高大学生创新能力，培养创新型人才，带动大学生就业的重要路径。高校广泛开展创新创业教育，积极变革教育理念，构建科学的创新创业教育体系，对高校培养新时期创新型人才意义十分深远。

但是，正当创新创业教育在高校如火如荼地展开，诸多的矛盾和问题也纷涌而至。长期以来，我国高校处在"象牙塔"的环境之中，与社会发展存在着某种程度上的脱节。近年来，虽然在高校"应用转型"的大背景下，部分高校开展校企合作、产教融合，与社会企业建立了一定的联系，但是在创新育人模式上依然不够成熟，教育教学体系与社会发展需求的育人模式脱节。创新创业教育同样面临这样的窘境，很多高校仅仅将创新创业教育课程视为"边缘"课程，浅表化地向大学生传输一些创新创业的理论知识，忽视了创新创业教育的内在发展规律。加之创新创业教育是一门实践性极强的综合性课程，对师资素质的要求极高，很多高校的教师自身本来没有创新创业的经验，也缺乏系统的创新创业教育理论，使得创新创业教育质量难以得到保障，更无从谈起创新创业教育理念的变革。

面对诸多的发展矛盾，笔者认为，高校创新创业教育要想行之有效，真正发挥创新创业教育在创新型人才培养方面的作用，高校管理者必须登高望远，秉承实事求是的探索精神，深入分析高校创新创业教育的内在机理，才能找到有效的问题解决之道。

本课题旨在以"利益相关者"的视角，对高校创新创业教育的内在组织进行解剖分析，分析问题症结所在，以内在组织变革为切入口，探索创新创业教育与专业教育融合的体制机制和路径方法，通过分析两者融合存在的一些现实问题，提出充分发挥高校自身的专业特色和学科优势，从教育观念、教学资源、教学方法、教学环境等方面有机融合的现实路径，搭建创新创业孵化平台，构建创新创业实践共同体，指导学生的生涯规划和职业发展。

高校创业创业教育是一种即将或正在形成的具有变革和创新精神的新兴组织形式，

这种组织的变革和演化，会为那些参与市场资源与社会资源竞争的商业化创业行为提供某种程度的制度保障。为了适应经济社会的快速转型和发展，也为了满足利益相关者的利益诉求，高校创业教育将围绕一下三个方面进行组织变革：一是打造拥有动态能力和高效率的领导核心。二是建立学术中心地带，引擎区域经济发展。三是建立技术转移机制，打造技术转移平台。高校创业教育组织变革的成功既离不开"打铁还需自身硬"的扎实内功，也需要利益相关者的外部协助与合作。

从创业教育的外部组织来说，高校必须与产业界、金融界和政府等外部利益相关者形成密切合作的创新联盟关系，利用"三螺旋"创新战略模型来做好做实创业教育工作，实现从助力区域经济发展的智力支持机构向具有引领产业发展方向的领导性社会机构转变。高校创业教育的内部组织演化在于建设成拥有动态决策能力和高效率的领导核心、成功激活学术中心地带、建立技术转移机制和打造技术转移平台，来实现高校或大学的科研功能、社会服务功能和创富功能。

当经济的转型、社会的需求和人们的需要发生急剧变化时，高校能够及时对传统的办学理念进行相应调整，让学术追求和承诺与时俱进，将教育教学、学术研究、知识成果转化与社会服务有机融合，通过知识生产、技术推广、成果转化，既满足了社会需求和助力区域经济发展，又进一步扩大了高校的基础研究，尤其对具有应用前景的技术集成与创新研究有很多的帮助。

高校在开展创业教育时，首先必须厘清利益相关者的内涵与类型，将利益相关者群体对于创业教育的价值创造、关系模式、需求属性纳入到高校组织创新与变革的过程之中。然后系统探讨高校创业教育的组织创新、治理结构、行为策略等方面的问题，结合实证研究与案例研究的结果，对我国高校创业教育组织运行机制提供可行性的参考，这也正是笔者从利益相关者视域研究高校创新创业教育组织变革的意义所在。

目录

第一章 高校创业教育利益相关者的理论研究　001

第一节 研究背景、内容、目的和意义 ... 001
一、选题的背景及研究价值 ... 001
二、本课题的研究目标、研究内容、研究重点 ... 002
三、研究意义 ... 004
四、研究思路、研究方法、技术路线或研究步骤 ... 005

第二节 概念界定 ... 006
一、利益相关者 ... 006
三、创业教育 ... 009

第二章 大学生创新创业指导教育的含义及主要内容　015

第一节 创新创业指导教育的含义和特点 ... 015
一、大学生创新创业指导教育的含义 ... 015
二、大学生创新创业指导教育的特点 ... 016

第二节 我国创新创业指导教育的发展过程 ... 017

第三节 创新创业指导工作的基本功能和主要内容 ... 018
一、大学生创新创业指导工作的基本功能 ... 018
二、高等学校大学生创新创业指导工作主要内容 ... 021

第四节 大学生创新创业指导工作的理论和实践依据 ... 022
一、思想理论基础和方针政策依据 ... 022
二、工作实践基础和大学生就业现实特点 ... 026

第五节 国内外关于大学生创新创业指导课的研究 ... 028
一、国内大学生创新创业指导课计量分析 ... 029
二、国内大学生创新创业指导课研究综述 ... 030

三、国外研究现状 040

四、教学设计 044

五、研究述评 047

第三章　国外创新创业教育的组织变革与创新　　048

第一节　美国大学生创新创业教育的理论发展 048

第二节　美国大学生创业教育的现状 049

一、就业市场状态 050

二、就业理念和社会心态 050

三、美国大学生就业呈现的新特点 051

第三节　美国高校创新创业教育的组织变革和创新 056

一、美国政府在高校创新创业教育中的角色 056

二、美国高校大学生创新创业的系统性 057

三、用人单位的社会责任 057

第四节　美国大学生创新创业就业指导的经验对我国的启示 ... 058

一、政府层面 058

二、高校层面 059

三、大学毕业生层面 059

第五节　日本大学生创新创业指导的经验 060

一、泡沫经济后日本大学生就业的新状况 060

二、社会经济新形势下日本采取的新措施 062

四、中日大学生创新创业指导模式异同分析 066

第六节　其他国家大学生创新创业指导的经验 074

一、德国大学生创新创业指导工作的经验 074

二、英国大学生创新创业指导工作的经验 074

三、加拿大、澳大利亚大学生创新创业指导工作的经验 075

第四章　利益相关者之间的互动关系及价值循环　　076

第一节　高校创业教育利益相关者之间互动关系的学理综述 .. 076

第二节　高校创业教育利益相关者的范围和分类 079

一、高校创业教育利益相关者的范围 079

二、高校创业教育利益相关者的分类 080

第三节 高校创业教育利益相关者的资源投入和预期收益 082
一、第Ⅰ类利益相关者的资源投入和预期收益 082
二、第Ⅱ类利益相关者的资源投入和预期收益 083
三、第Ⅲ类利益相关者的资源投入和预期收益 084
四、第Ⅳ类利益相关者的资源投入和预期收益 084

第四节 价值链基础上的高校创业教育利益相关者网络 085
一、利益相关者网络关系模型的构建依据 085
二、网络模型 086
三、高校创业教育利益相关者的价值链关系 088

第五章 利益相关者的高校创业教育组织变革与创新行为策略   090

第一节 打造拥有动态能力和高效率的领导核心 090

第二节 建立学术中心地带，引擎区域经济发展 092

第三节 建立技术转移机制，打造技术转移平台 093

第六章 高校创业教育组织的变革与创新——以铜仁学院为例   095

第一节 创新创业教育的混合式教学改革 095
一、教师混合式教学准备度分析框架 095
二、创新创业教育混合式教学改革发展框架的不同阶段 097
三、创新创业教育混合式教学改革发展对策 099

第二节 高校创业教育的路径优化 103
一、宏观的国家建设层面 103
二、微观的高校管理层面 104
三、中观的社会文化和制度层面 106

第三节 铜仁学院创新创业教育的变革和发展过程 107
一、坚持高校创业教育的基本原则 109
二、遵循高校创业教育的客观规律 110
三、广谱式教育与特色化教育相结合 112

第四节 总结经验，优化高校创新创业教育的路径 113
一、坚持共同参与的民主决策理念，设立由全体利益相关者共同参与的民主管理组织机构 113

二、依据以人为本和权责一致原则，完善高校创新创业教育内部运行机制 114

三、弘扬契约精神，建设好创新创业教育外部支撑体系 114

四、协调多方诉求，建立利益相关者协同育人机制 115

第七章　中国与东盟国家创新创业教育的合作交流　119

第一节　当前中国与东盟国家教育合作交流现状 120
一、以"引进来"为主，"走出去"的步伐稍显不足 121

二、师资国际化教学水平有待进一步提高 121

三、

四、部分学生受到家庭经济状况影响 122

第二节　加强中国高校与东盟国家创新创业交流合作的策略建议 122
一、打造全方位、多形式、宽领域的宣传格局 122

二、"引进来"与"走出去"并举 123

三、加大对外汉语教师的培养力度 123

四、争取国家对普通高校东盟留学生的资金援助 123

第三节　老挝留学生创新创业教育资源开发 124
一、培育发展政策教育资源建设与政策解读能力 124

二、培育互联互通教育资源建设与国际交往能力 125

三、培育经济贸易教育资源建设与经济参与能力 125

四、培育现代金融教育资源建设与融资信贷能力 126

五、培育历史文化教育资源建设与文化交流能力 126

第四节　中国与东盟高等教育合作的进展、挑战及应对策略 127
一、中国—东盟高等教育合作的进展 127

二、中国—东盟高等教育合作面临的挑战 130

三、中国—东盟高等教育合作的应对策略 133

四、结束语 135

参考文献　136

第一章 高校创业教育利益相关者的理论研究

第一节 研究背景、内容、目的和意义

一、选题的背景及研究价值

（一）本课题的研究背景

中国高校的创业教育开始于20世纪90年代。2002年初，教育部高教司在中国人民大学、北京航空航天大学、上海交通大学等9所高校开展了创业教育试点工作。2007年党的十七大报告中也明确提出，要"实施扩大就业的发展战略，促进以创业带动就业"。2008年教育部通过质量工程项目，又立项建设了30个创业教育人才培养模式的创新实验区，扩大创业教育的试点范围。国家中长期教育改革和发展规划纲要（2010–2020）中也明确指出要"加强就业创业教育和就业指导服务，创立高校与科研院所、行业、企业联合培养人才的新机制"。

从国内外的理论研究再到近年来政府的一系列政策措施，可以看出创业活动在国民经济中的作用越来越明显。创业教育在高校创新人才培养的模式变革、培育和提升大学生创业精神与创业技能方面正在发挥着愈加重要的作用。从欧美发达国家创业教育运行的情况来看，政府机构、社区、中小企业、非营利性组织、创业者、大学校友会、行业协会等不同性质和功能的利益相关者群体，对于高校创业教育治理结构和运行机制的形成起到了非常重要的作用。换言之，高校创业教育繁荣发展的基础在于全社会的广泛参与、利益相关者的互动发展和组织间学习，以及由此所形成的高校创业教育在治理结构方面的组织创新和一系列行为调适策略。

（二）本课题的研究价值

现有的研究解决了创业教育的内涵、创业教育发展策略、创业技能提升路径等方面的基本问题，但是在高校创业教育利益相关者的内涵与范围界定、高校创业教育不同利益相关者群体间的互动关系及影响、基于利益相关者的高校创业教育组织创新与行为策略等问题上还缺乏系统的研究。本研究认为，各级各类高校所开展的创业教育必须厘清利益相关者的内涵与类型，将利益相关者群体对于创业教育的价值创造、关系模式、需求属性纳入高校组织创新与变革的过程。"组织变革与创新""利益相关者分析"应当成为高校创业教育整体推进的基础。本研究将在利益相关者矩阵分析技术的基础上，系统探讨高校创业教育的组织创新、治理结构、行为策略等方面的问题，结合实证研究与案例研究的结果，对我国高校创业教育"政府—社会—高校—个人"多元主体、广泛参与、良性互动的组织运行机制的形成做出一定的贡献。综上所述，本研究对于我国高校创业教育的开展和创新人才培养模式的变革都具有深远的意义。

二、本课题的研究目标、研究内容、研究重点

（一）研究目标

理论目标：从高校创业教育过程中参与主体多元化的现状出发，对创业教育利益相关者的内涵、范围、边界进行界定与解释，分析创业教育中高校与利益相关者的互动关系模式及价值循环模式，最终对高校创业教育组织创新与变革的路径、利益相关者的交互学习、创业文化对不同利益相关者行为模式的影响等问题做出理论上的探索。

实践目标：将在实证研究和案例研究的基础之上，对基于利益相关者的高校创业教育治理结构、高校行政组织在推进创业教育过程中的角色定位与关系重构、创业教育利益相关者之间的行为调适等方面进行一系列的对策分析，从而为推进我国高校创业教育的改革与发展提出对策建议。

（二）研究内容

本课题研究的主要内容由五部分构成：第一部分为理论与实证研究，主要包括了高校创业教育的利益相关者之间互动关系的分析；第二部分为比较研究，重点分析美国和

其他国家高校创业教育发展过程中不同利益相关者互动网络的形成及相应的组织创新；第三部分为对策研究，主要包括基于利益相关者互动发展的高校创业教育治理模式与组织创新；第四部分为案例研究，分析某高校创业教育开展过程中利益相关者的组织创新与行为调适策略。第五部分为创新创业教育的合作交流，主要介绍中国与东盟国家在创新创业教育方面的合作。

1. 高校创业教育利益相关者理论的研究

从大学知识生产模式的变革、高等教育转型发展、利益相关者理论、创新创业教育的本质等理论研究成果入手，梳理近几十年来高校创业教育逐步从边缘走入中心、从封闭走向开放的内在深层原因。通过理论分析，对高校创业教育的开放性、实践性、创新性三大本质特征进行理论研究，界定高校创业教育利益相关者的内涵与范围。

2. 大学生创业指导教育的含义及主要内容

高校大学生创业指导是指高校在国家有关政策和法律的规范指导下，为大学生创新创业提供教育、培训、信息、咨询等服务，以促进人才资源的合理配置，推动经济社会的繁荣与发展的一项社会活动。高校大学生是国家宝贵的人才资源，科学合理地使用好这批人才资源，充分发挥他们在社会主义现代化建设中的重要作用，对于贯彻落实科教兴国和人才强国战略，实现全面建设小康社会目标；对于启发广大青年求学成才的热情，提高国民的科学文化素质，实现中华民族的伟大复兴，都有着极其重要的意义。

3. 美国创业教育的组织变革与创新研究

美国高校创业教育经历了漫长的发展阶段，创业教育也从商学院的一门边缘课程发展成为涵盖高等教育各个领域的一场革命。通过历时性的分析，对美国高校创业教育中所表现出的开放性与竞合性进行纵向梳理，展现过去三十年来随着创业理念的深化，美国高校与产业部门、政府机构、社区、基金会等各类社会组织之间在创业教育社会参与机制方面所独有的理念、特征、行为。追寻这一过程中美国高校的知识生产如何与跨学科、开放式、多元化、网络化的区域创新系统结合在了一起，从而勾勒出美国高校创业教育组织创新的变革路径。

4. 高校创业教育相关者之间的互动关系及价值循环研究

分析高校创业教育中不同利益相关者之间的互动关系，从组织间交往与学习、知识扩散、利益相关者角色重叠关系、利益相关者互动发展的价值创造与行为循环等不同维度研究创业教育中利益相关者的网络结构及价值链的形成过程。

5. 基于利益相关者的高校创业教育组织创新与行为策略研究

从高校治理结构与管理体制创新的角度出发，对高校行政组织的角色定位与关系进行重构，将利益相关者的不同需求纳入高校创业教育的治理结构和运行机制，分析在创业教育的发展过程中高校所进行的各种组织变革与创新活动，探究不同利益相关者之间维持协调激励的行为策略。

6. 高校创业教育组织变革与创新的案例研究

以某高校为例，分析该校创业教育发展过程中利益相关者的构成、边界及彼此的互动关系，分析该校不同利益相关者价值链形成过程中高校所进行的组织创新与行为调适策略。

7. 中国与东盟国家创新创业教育的合作交流

中国与东盟地理相邻、山水相依、文化相通、血脉相亲、利益相融。为进一步增进彼此的了解与友谊，有必要开展更加务实的教育合作，尤其是双边高校之间创新创业教育方面的合作。2017年，中国22所高校与东盟国家高校正式成立了创新创业教育联盟，联盟以"产教融合·协同创新"为主题，旨在讨论怎样推进产教融合人才培养改革，强化企业主体作用，提高行业企业参与办学程度；同时就中国及东盟高校在推进产教融合、培养创新创业人才方面的实施路径及成功经验进行交流。

（三）研究重点

高校创业教育的提升是当前社会各界所关注的一个热点，但是从创新集群的角度来研究高等学校产学研协同创新机制的研究却并不多见。本课题将高校创业教育的组织变革与创新作为研究的最终落脚点，重点对高校创业教育利益相关者之间的互动关系及其影响进行研究，对不同利益群体之间的组织间协调、价值创造、投入和期望收益、利益相关者之间价值链的形成等问题进行深入理论研究，并在此基础上对我国高校创业教育如何从"政府引导—高校主导"的管理结构走向"多元主体—合作共享"的治理结构提供对策建议。

三、研究意义

现有的研究解决了创业教育的内涵、创业教育发展策略、创业技能提升路径等方面的基本问题，但是在高校创业教育利益相关者的内涵与范围界定、高校创业教育不同利益相关者群体间的互动关系及影响、基于利益相关者的高校创业教育组织创新与行为策略等问题上还缺乏系统的研究。本研究认为，各级各类高校所开展的创业教育必须厘清利益相关者的内涵与类型，将利益相关者群体对于创业教育的价值创造、关系模式、需求属性纳入高校组织创新与变革的过程。"组织变革与创新""利益相关者分析"应当成为高校创业教育整体推进的基础。本研究将在利益相关者矩阵分析技术的基础上，系统探讨高校创业教育的组织创新、治理结构、行为策略等方面的问题，结合实证研究与案例研究的结果，对我国高校创业教育"政府—社会—高校—个人"多元主体、广泛参与、良性互动的组织运行机制的形成做出一定的贡献。本书也对中国与东盟的创新创业教育合作交流的现状进行了归纳，并在此基础上提出相应的对策建议。综上所述，本研究对于我国高校创业教育的开展和创新人才培养模式的变革都具有深远的意义。

四、研究思路、研究方法、技术路线或研究步骤

（一）基本思路

本研究从利益相关者分析的视角出发，利用管理学、教育学、社会学等跨学科的交叉理论，开展高校创业教育组织创新与行为策略调适的理论研究、比较研究、实证研究和对策研究。本项研究将完全遵循研究基础—初步探索—理论提炼—实证研究—比较研究—模式建构—对策应用的研究思路，在对国内外学者的相关研究成果进行综述的基础上，利用"权力—利益"矩阵分析高校创业教育的组织变革，探究学校、政府机构、企业、其他社会组织之间的互动关系及影响，提炼理论基础和研究假设，进行基于相关案例的实证研究；根据假设及对实证研究的结果，最后归纳结论，提出对策建议。

（二）技术路线及研究步骤

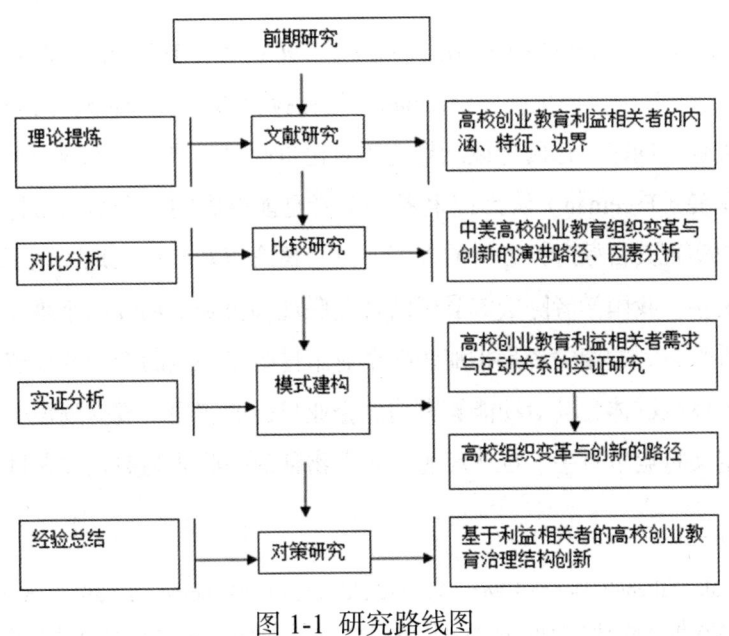

图 1-1 研究路线图

(三)研究方法

文献分析法。系统收集和整理创业教育、社会互动理论、教育机制理论、利益相关者理论等方面的国内外文献,厘清创业教育利益相关者的内涵、边界、互动关系。

比较分析法。通过对国内外研究文献的阅读与整理、对欧美各国创业教育的组织变革与创新进行比较研究,提炼共同的特点与经验。

实证研究法。本课题研究将分别制定针对学校领导者、教师、产业部门、政府机构、创业者等群体的半结构访谈提纲;在此基础上编制调查问卷,对课题组所在的区域选定每组不少于50个案例并对问卷进行测试,根据测试结果修订问卷并在部分区域实施调查。采用均值比较、SEM技术、多元回归分析等方法进行实证检验,最后对分析结果与研究假设进行对照。

第二节 概念界定

一、利益相关者

米切尔·伍德(Mitchell Wood)梳理了1963年至1997年有关利益相关者的代表性概念界定。[1]其中,弗里曼(Freeman)与克拉克森(Clarkson)的表述较为典型,具有一定代表性。同时,这两种概念界定的对比也凸显出当时学术界对此概念界定的不同意见。弗里曼(Freeman)认为:"利益相关者是能够影响一个组织目标的实现,或者受到一个组织实现其目标过程影响的人。"[2]这个概念直观且广泛地描述了利益相关者与组织之间的关系。我国学者陈宏辉尝试结合关联性和投资专用性两个维度来界定利益相关者。在他看来,利益相关者是指那些在企业中进行了一定的专用性投资,并承担了一定的风险的个体或群体,其活动能够影响该企业目标的实现,或受到该企业目标实现的影响。这种定义将竞争对手、自然环境、非人物种等一些非利益相关者排除在外,使得利

---

1. Ronald. Mitchell, Donna J Wood.Toward a theory of stakeholder identification and salience: defining the principle of who and what really counts[J].Academy of Management Review, Vol.22(4),1997.

2. Freeman. R.E. Strategic Management: A Stakeholder Approach[M].Boston:Pitman,1984:4.

益相关者的内涵更加清晰和具体。既规定了利益相关者最重要的特质，又明确了利益相关者的边界。[3]

综上所述，本研究中的利益相关者是指，对于我国高校创业教育具有合法参与权，与高校创业教育呈现出交互性利益影响关系的特定群体。即该类群体要么参与了创业教育相关政策的制定，要么在参与过程中运用各种策略呈现或实现自身利益诉求，同时其利益又被高校创业教育政策实施的结果所直接影响。

二、组织和组织变革

组织 (organization) 是什么？组织学学者们喜欢用描述法来界定组织的概念，格罗斯 (E.Gross.) 等学者认为："组织，是人类为了达到某些共同的目标而特意建构的社会单元，企业公司、军队、学校、教会、监狱等都是组织。那些自然形成的群体，如部落、阶级、宗教团体以及家庭则不包括在内。现代组织具有以下特征：（1）在劳动、权力以及沟通责任上有所分工，分工的方式既不是任意的，也不是传统的，而是围绕某一特定目标加以精心设计的；（2）具备一个以上的权力核心，用以指挥组织成员的行为，以促进组织目标的实现，这些权力核心要不时考察组织的绩效，必要时调整组织结构以增加效率；（3）实行成员的淘汰，对不胜任的成员通过轮训、降职、撤职的方式加以更换。"[4] 卡斯特与罗森茨维克 (Kast F. E, Rosenzweig JEl) 关于组织的定义是：（1）有目标的，即怀有某种目的的人群；（2）心理系统，即群体中相互作用的人群；（3）技术系统，即运用知识和技能的人群；（4）有结构的活动整体，即在特定关系模式中一起工作的人群。[5]

综合上述两种定义，大致可以归纳出组织所必备的要素。首先，组织是有定位的；其次，组织包含某种结构，这种结构是建立在分工基础之上的；最后，组织运行制度是维持组织结构与分工向着社会期望前行的必要条件。高校组织是组织的亚层次概念，上述要素是高校组织与其他组织的共性。高校组织不同于其他社会组织的特殊性就是在组织内涵上赋予了"高校"的规定性，高校是实施高等教育的社会组织，作为一种现代组织，高校组织还有区别于其他组织的特性：（1）活动、成员、结构、环境的复杂性；（2）职能、目标的多样性；（3）在社会历史发展中的统一性；（4）作为开放系统的开放性；（5）关于完善知识还是实现社会价值、大众教育还是精英教育、自由教育还是专业教

---

3. 陈宏辉. 企业利益相关者的利益要求：理论与实证研究 [M]. 北京：经济管理出版社, 2004:100.
陈宏辉. 企业利益相关者的利益要求：理论与实证研究 [M]. 北京：经济管理出版社, 2004:100.

4.GROSS E.A.Organizations in Society[M].New Jersey:Prentice-Hall Inc. Macmillan, 1985,pp.5-7.

5.KAST F E, ROSENZWEIG JEl,Organization and management[M]. New York , MC Graw-Hill:1979, p.9.

育、行政权力与学术权力的矛盾性。本研究中的高校创业教育组织,是指所有高等教育机构中专门从事和管理高校生创新创业教育的专有部门。[6]

组织变革有多种定义,从过程来说,"人类系统中任何变革潜在的基本假设都源自库尔特·勒温(Kurt Lewin)。"[7]勒温的力场分析模型认为,任何一个组织都是一个"场",其中交织着各种力量的斗争。当各种力量势均力敌时,组织就处于一种平衡或稳定状态,呈现出特定的组织结构形态。所谓组织变革,就是组织由目前状态向预期状态的转变过程。在这个过程中,促使组织变革的驱动力与抵制组织变革的抵抗力在不同水平上展开斗争,在不同层次上取得平衡,直到在预期状态上获得平衡。1951年勒温提出的"解冻—变革—再冻结"三阶段模型成为梳理组织发展的核心方法。组织变革的内容大体上有两种认识,一种是从实践上来说,体现为流程改造、战略转移、结构改变、角色设定、事业流程、控制机制、组织与其他组织的关系、沟通渠道等方面的变革。一种是从观念上来说,是运用相关理论方法对组织进行理性地改造,重塑组织意识形态、文化。

周光礼老师通过对高校组织变革相关研究的梳理与总结,强调组织因素的解释力,从新制度主义的视角出发认为:"高校组织变革是指高校内部结构和组织制度的变革。"[8]总的来说,学界对高校组织变革的定义主要有以下几种倾向:一是将高校组织看作是高校内外多个社群的集合体,倾向于在更广泛的意义上界定组织,组织中不仅包括正式规则、程序和规范,还包括为人的行动提供意义框架的象征系统或认知模式。二是以国家、民族、政治制度为中心来梳理高校组织变革的历史。张慧洁老师通过对高校发展史的梳理认为"中外高校组织变革是指大规模的院校合并、重组。"[9]三是将高校组织变革还原为理性选择,这种倾向认为,组织是可预判与设计的规则,该规则界定、约束了组织内部在追求自身效用最大化时所采用的策略,遵守规则不是道德、义务的鼓励、约束,而是"结果性逻辑"所展现的利益最大化的使然。四是从高校组织变革的正当性出发,认为组织行为不是用算计与回报来引导的,而是以"什么是恰当的行为"为基础的,所以组织的变化来源于"价值的冲突"。这种观念对高校组织变革的理解是:"历史

6.[英]安迪·格林.教育与国家的形成:英、法、美教育体系起源之比较[M].王春华等译.北京:教育科学出版社,2004:82.

7.[美]埃德加·沙因.组织文化与领导力[M].章凯等译.北京:中国人民大学出版社,2014:257.

8.周光礼,黄容霞,郝瑜.高校组织变革研究及其新进展[J].高等工程教育研究,2012(4):67-74.

9.张慧洁.中外大学组织变革[M].上海:复旦大学出版社,2005:7.

的延续和现实的要求下，高校组织为满足变革主体的合理诉求而协调内部逻辑和外部逻辑的冲突。"[10]

以上定义体现了高校组织变革的相关机理及构成要素。本研究决定采用下述界定：高校组织变革是高校组织根据其外部环境和内部条件变化，适应生存竞争与创新发展需要，以改善和提高高校组织效能为根本目的，有意识地改变组织内部结构，转换组织功能方式，重塑组织文化的管理活动。需要注意的一点是，本研究将前人定义中"理性地改变组织内部结构"改为"有意识地改变组织内部结构"，是基于理性选择不能涵盖所有高校组织变革行为的考虑。

（1）组织变革与组织发展不一样，相比而言，组织发展强调长远性和全面性，其是向正确的方向前进，而组织变革更像组织发展轨迹上的"点"或"线段"，具有成败之分。

（2）组织演进、组织改革是具有不同特征的组织变革，高校组织演进是在原有组织形态上的层层递进，而后者更带有一种政策性和鼓动性，变革在更大程度上是一个理性词汇，是人们研究的对象。[11]

（3）组织转型是特定情况下的组织变革，是指原有组织形态及要素的变革，它不是对过去的否定，而是为了提高高校服务于社会的水平，利用自身优势争取资源而提出的，这种变化通常来自外界强烈的诱导。[12]

三、创业教育

按照联合国教科文组织给出的定义："从广义上讲，创业教育指的是创业个人的发展，这对受薪人同样重要，因为雇主或个人要求雇员在其职业生涯中有所成就。"人们越来越重视员工的主动性、冒险精神、创业精神和独立工作能力，以及技术、社会和管理技能。创业教育的含义可以从语义学和语用学两个方面加以明确。语义学研究的重点是语言意义表达系统，不涉及具体的应用。语用学也研究语言的意义，但更多的关注于语言在特定语境、言语行为、预设、会话等方面的意义。从语义学的角度，创业教育包括"创业"和"教育"，"创业"可扩展到社会经济、文化和政治领域的思想、意识和

---

10. 胡仁东. 试论大学组织变革的逻辑[J]. 高教探索，2008(5):13

11. 李桂荣. 大学组织变革经济理性研究——理论构建与典型分析[D]. 北京：北京师范大学，2006：19

12. 黄达人. 大学的转型[M]. 北京：商务印书馆，2015:1.

行为创新，开拓或扩大新的发展空间，为他人和社会提供机遇，是企业家主体的探索行为，核心定义是"行为创新"和"探索性行为"。[13]

（一）国外研究综述

利益相关者理论起源于美国，早期也有学者将利益相关者称为"利益集团（Interest Group）"。亚瑟·本特利（Arther Bentley）是在20世纪首位提出并系统论述利益集团政治理论的学者。他在《政府进程》（*The Process of Government*）一书中提到：社会是不同利益集团复杂的组合，各集团均作用于政府，政府的所有行为都是由利益集团相互作用的结果。政治过程实际上是利益集团与政府的互动过程，没有利益集团的话政治过程将不会持续下去。[14]1984年，美国著名经济学家弗里曼（Freeman）的经典著作《战略管理利益相关者方法》不但掀起了学术界利益相关者进行讨论的热潮，而且拉开了利益相关者理论实践运用的序幕。弗里曼在这个著作中试图揭示利益相关者和企业战略管理之间的交互影响关系，将利益相关者定义为"任何能够影响组织目标的实现或受这种实现影响的团体或个人"。[15]随后，他又将利益相关者进一步界定为"那些因公司活动受益或受损，其权利也因公司活动而受到尊重或侵犯的人。"[16]这个定义的可取之处不仅仅在它揭示了利益相关者与企业组织之间的交互影响关系，它还为利益相关者参与企业战略管理活动创造了条件。

教育的发展与政策的制定属于政府的政治行为之一，与利益相关者息息相关。布劳恩（Braun）指出，利益相关者对政策决策者很重要。因为它们可能提供有价值的政策资源，例如信息、专业知识和政治支持，从而极大程度上影响政策的内容和偏向。受到亚瑟·本特利的影响，各国学者开始将利益集团、利益相关者理论融入教育研究的视野中，关于利益相关者视角下的教育领域研究成果累累。

在欧美国家创业教育的利益相关者研究与实践领域，创业教育已经走向了开放、互动、去中心化等为特征的社会不同利益群体共同参与的治理模式。美国大学的创业教育早已经形成了由政府、企业、非政府组织、金融机构、新闻媒体、公众利益群体等不同

---

13. 席升阳. 我国大学创业教育的理论与实践研究[D]. 武汉：华中科技大学, 2007:29.

14. ARTHUR FISHER BENTLEY. The Process of Government[M]. Cambridge: Belknap Press of Harvard University Press, 1967.

15. FREEMAN R E. Strategic Management: A Stakeholder Approach[M]. Boston: Pitman, 1984.

16. FREEMAN R E, GILBERT.D R. Managing stakeholder relationships[J]. Business and society: Dimensions of conflict and cooperation. Vol.25(3), 1987.

类型利益群体间的互动合作网络，有效地整合了各类社会创业资源，为大学生创业教育提供了有利保障（Pretorius,2005）。CZUCHRY（2004）等提出了开放式创业教育思想，重视利益相关者在创业教育模式中的作用，强调通过构建利益相关者群体间的互动关系网络促进创业教育的发展。总体来看，欧美高校创业教育的利益相关群体大致分为内部利益相关者（学生、教研人员、管理者和经理）以及外部利益相关者（家长、校友、创业者、创业企业、商业、专业实体、政府和社区代表）。这些不同的利益相关者通过积极的参与、有效的沟通、及时的反馈，建立起了彼此之间的互动关系及价值链，从而将高校创业教育的愿景与社会各利益群体的实际需求相结合，促成了高校创业教育持续性的组织创新与变革，极大地推动了创业教育的繁荣。

（二）国内研究综述

中文的"利益相关者"一词译自英文单词"stakeholder"，也有学者将其译为"利害相关者"。该概念由20世纪60年代由美国斯坦福研究院首次提出，而后随着越来越多的商学和企业管理学研究者对"利益相关者"概念的界定和使用，"利益相关者理论"逐渐得以形成。

由英国学者加文·凯利，多米尼克·凯利以及安德鲁·甘布尔主编，我国学者欧阳英翻译的《利害相关者资本主义》为我国学界较早出现的关于"stakeholder"理论及其相关运用的研究。书中首先对于"利害相关者"做出了理论上的概念界定，以及该理论在美国、英国以及信息工业化的第三次革命中的运用。随后，通过对政治维度、社会维度，以及经济维度中利害相关者理论运用的论述及案例分析，更为全面、系统地对该理论展开分析讨论，最终在结论中提出实现利害相关者资本主义的途径包括可转让技能、所有权、信任关系以及政治权利。作者认为，通过建立决策与责任程序，政治权利允许个体在组织内部行使发言权，包括参与一系列政策规定与法律规定。[17]同年，另一本由美国学者所著，我国学者翻译的《战略管理——利益相关者方法》问世。该著作基于对企业管理问题的探讨，对利益相关者做出了概念界定以及其理论的历史梳理。在第三章中对于使用该理论的方法论框架建构进行了详细说明，最后通过实例分析对利益相关者战略的制定、实行以及相关的利益冲突进行了研究阐释。[18]

17.[英]加文·凯利,多米尼克·凯利,安德鲁·甘布尔.利害相关者资本主义[M].欧阳英译.重庆：重庆出版社.2001.

18.[美]爱德华·弗里曼.战略管理——利益相关者方法[M].王彦华,梁豪,译.上海：上海译文出版社,2006.

在我国学者对于利益相关者理论的研究中，万建华所著的《利益相关者管理》对利益相关者的界定方法以及理论应用方法进行了研究。研究表明，利益相关者理论方法包括战略性方法和多重信托方法。战略性方法将利益相关者视为企业替股东谋求利润时应考虑的因素，即有可能促进或阻碍企业实现其战略目标的工具。多重信托方法不止将利益相关者视为运用经济和政治权利的人，并非领导与从属关系，而是处于与股东完全平等的位置，可以参与企业决议。[19]张玉堂在《利益论——关于利益冲突与协调问题的研究》中，突出了人在利益实现过程中的主体地位，即利益相关者的重要性。该研究从利益相关者的冲突与协调两大维度入手展开论述，在利益冲突论中，对利益冲突的实质、利益冲突发生、演变和展开的过程进行了梳理，将利益相关者之间存在的冲突分为对抗性冲突和非对抗性冲突两类。在利益协调论中，对利益协调的目标及途径进行了阐释。最后，研究落脚于当代中国社会的利益协调问题，对困境及出路进行了阐释和建构。李福华将我国高校的利益相关者界定为核心利益相关者：教师、学生和管理人员；重要利益相关者：校友和财政拨款者；间接利益相关者：与学校有契约关系的当事人；边缘利益相关者：当地社区和社会公众。[20]《高等教育中外合作办学的现实困境与发展策略——基于利益相关者的视角》一文将研究视野投射至国际高等教育领域，认为中外合作办学的合作方跨越国界，是双方在动机各异、利益需求不一、资源水平有较多差异的情况下组成的经济文化利益共同体。阐明了中外政府、教师以及学生之间利益博弈的现实困境，提出各利益相关者对利益最大化追求是合作办学发展的内在动力，并对高等教育中外合作办学的发展提出建设性策略。[21]《论利益相关者视野下英国技能培训政策的变迁》提出，对于英国教育培训制度而言，利益相关者主要包括政府、企业、工会、教育机构和学习者等。这些利益相关者对教育培训制度都有各自的利益诉求，并通过不同的方式对教育培训制度产生影响。[22]

国内学者对于高校利益相关者与大学责任、治理结构、高等教育变革等方面的话题也展开了理论分析。张婕认为，我国高等教育正处于利益相关者时代，中国高等教育管理范式将从中央集权管理范式向地方化管理范式过渡，最终将走向"利益相关者管理"

---

19. 万建华. 利益相关者管理[M]. 深圳：海天出版社，1998.

20. 李福华. 利益相关者理论与大学管理体制创新[J]. 教育研究，2007(7).

21. 周虹，陈时见. 高等教育中外合作办学的现实困境与发展策略——基于利益相关者的视角[J]. 清华大学教育研究，2017(1).

22. 王雁琳. 论利益相关者视野下英国技能培训政策的变迁[J]. 比较教育研究，2008(11).

范式，其核心就是建立各种利益群体之间的伙伴关系[23]。王连森则认为利益相关者的作用、地位、权利制约和规范着大学制度，为大学创设了发展的机制平台[24]。胡赤弟将高校利益相关者分为大学行政管理人员、教授、出资者、学生和政府[25]。但是，国内学者从利益相关者角度对高校创业教育的组织创新与行为策略的研究却是一个空白。大部分创业教育领域的研究更多的是从高校自身的维度出发探讨创业教育的模式与推进策略，部分学者也对如何促进创业教育的社会参与提出了不同的看法。赵红路等（2009）认为，创业教育需要包括学校、企业等社会各界人士的共同努力才能实现，校内资源与校外资源的整合是实现创业教育的重要路径[26]。但是现有研究还依然停留在经验总结与介绍的阶段，对于高校创业教育的动态发展过程缺乏研究。从我国高校创业教育的研究与实践来看，我们亟需从理论层面将利益相关者的分析纳入高校创业教育的分析框架，通过理论研究和实证研究分析高校创业教育过程中各利益相关者的互动、激励与协调，以及由此带来的高校组织创新与变革、治理结构创新等方面的问题。

（三）研究述评

大体上来说，关于利益相关者视角下高校创业教育研究内容主要可分为三类：第一，介绍国外高校创业教育利益相关者支持系统建设的经验。主要介绍英美两国高校经验，如美国斯坦福大学创业利益相关者系统建设的路径、模式和特征，英国剑桥大学创业教育利益相关者组织的构建及其对复合创业型人才培养的模式等。第二，总结国内高校创业教育利益相关者组织建设的成绩。如清华大学关于创新创业教育利益相关者资源整合的举措与特征，浙江大学的利益相关者组织建设的案例，地方本科高校创业教育利益相关者支持系统的建设路径和模式。第三，探讨创新创业教育利益相关者系统建设的理念、现有的发展策略与未来发展趋势等。研究的对象主要涉及创业型和应用型大学的创业课程建设、校企合作建设创业孵化基地和大学生创业风险防控等具体主题的利益相关者系统建设。

高校创新创业教育是以培养学生创新思维、创新意识、勇于改变现状和具有创业精神为目标的创新型教育。而组织变革是指组织秉着积极适应环境、与时俱进的精神对

---

23. 王保华, 张婕. 重新划分高等教育管理阶段：范式的视角 [J]. 教育研究, 2007, 28(10):4.

24. 王连森. 利益相关者与大学的责任、制度、资源 [J]. 宁波大学学报(教育科学版), 2006(06):103-106.

25. 胡赤弟. 高等教育中的利益相关者分析 [J]. 教育研究, 2005, 26(3):9.

26. 赵红路, 于潇. 对高校创新创业教育的若干思考 [J]. 现代教育科学：高教研究, 2009(4):2.

组织现状、组织人员和组织资源重新规划和配置的过程。高校创业教育的发展离不开组织机制创新，内外部环境的相互磨合与逐渐同化、教育资源的不断交换与整合，都给高校创新创业教育带来了机遇与挑战，这就要求高校必须开展组织变革。在欧美国家创业教育的利益相关者研究与实践领域，创新创业教育已经走向了开放、互动、去中心化等为特征的社会不同利益群体共同参与治理的组织管理范式。美国大学的创业教育早已经形成了由不同类型利益群体进行利益互换、资源互补、竞争又合作的互动教育模式，有效地整合了各类社会创新创业资源，为大学生的创业活动提供资源支持和风险保障，为学校的创业教育提供新思路新模式（Pretorius,2005）。国内学者关于创业教育领域的研究主要从高校自身视角来探讨创业教育的资金来源、管理模式、组织变革及未来发展趋势，部分学者也对如何促进创业教育的社会多元参与提出了不同的看法。但现有研究还依然停留在经验总结与介绍阶段，对于高校创新创业教育的动态发展过程缺乏研究。

第二章　大学生创新创业指导教育的含义及主要内容

大学生创新创业指导是高校教学工作和思想政治工作的重要组成部分，是帮助大学生了解国家的就业方针政策，端正择业心态，树立正确的择业观念，掌握求职择业基本技巧，实现顺利就业的有效手段。随着大学生就业制度改革的深化，大学生创新创业指导工作普遍得到重视。特别是市场经济体制的建立和完善，以及高校大学生新的就业机制的建立，大学生就业工作由以就业市场的拓展和维护为主转向以创新创业指导教育为重心的新的历史条件下，国家和社会对大学生创新创业指导教育提出了新的更高的要求，并寄予了很高的期望，但是，从近些年来高校大学生创新创业指导教育实践工作来讲，存在的问题较多，主要表现在：教育方式和手段简单落后，教育内容存在偏差、针对性不强，教育机制不完善，师资队伍建设薄弱等。由于这些问题的存在，严重影响了教育效果的进一步提高，导致创新创业指导教育应有的作用未得到充分发挥，大学生的择业观念未得到根本改变，在我国人才资源十分缺乏的情况下，又出现了大学生"就业难"这样一个历史怪现象。

第一节　创新创业指导教育的含义和特点

一、大学生创新创业指导教育的含义

高校大学生创新创业指导是指高校在国家有关政策和法律的规范、指导下，为大学生创新创业提供教育、培训、信息、咨询等服务，以促进人才资源的合理配置，推动经济社会的繁荣与发展的一项社会活动。大学生创新创业指导教育则指高等院校通过一定的方式对大学生进行就业政策和规范的教育、就业形势的分析、择

业心理的调适以及择业技巧等的培训,帮助大学生规划职业生涯,并树立正确的价值观和择业观的一项活动。

二、大学生创新创业指导教育的特点

(一)政策性

大学生就业是一项政策性极强的工作。因此创新创业指导教育也必须是以国家和有关部门制定的有关大学生就业的政策、规定、办法为依据,指导和规范大学生的就业行为,维护正常的就业秩序。目前我国高校大学生就业的基本政策是原国家教委 1997 年制定的《普通高等学校毕业生就业工作暂行规定》,以及近几年来随着教育体制改革的不断深化而制定和出台的一些新的文件和规定等。

(二)引导性

创新创业指导教育从择业观念、职业与自我认识、心理健康教育与调适、择业方法与技巧、就业形势等方面对大学生进行教育,引导学生认清就业形势,树立正确的择业观和健康的择业心理,克服就业过程中可能遇到的焦虑心理、攀比心理、自负或自卑心理、盲目从众心理等,为大学生充分就业及迈好社会生活的第一步提供了科学、有效的方法,因而具有较强的引导性。

(三)实践性

创新创业指导教育不仅给大学生传授一定的理论知识和思想观念,而且更重要的是指导学生参与择业竞争,以找到适合自己身心特点并能最大限度地发挥自己潜能的职业,实现人职匹配,因此具有很强的实践性。同时,对创新创业指导教育本身来讲,教育活动是一项实践活动,从教学内容上,需要深入实践,了解国家就业政策、了解就业形势、了解学生就业思想动态等,使创新创业教育在实践中不断完善和更新,以增强创新创业指导教育的针对性;从教学方法上,不仅要通过课堂教学,还要通过实地参观、考察调研、模拟活动等实践性较强的方式进行,以增强创新创业指导教育的实效性。

第二节 我国创新创业指导教育的发展过程

我国的职业指导起源于20世纪初。1917年,中华职业教育社成立,黄炎培等老一辈教育家在社刊《教育与职业》上陆续发表文章,从介绍西方国家职业指导的理论和经验入手,结合当时的经济与社会状况,强调了在我国开展职业指导的必要性。1925年,清华学校庄泽宣老师编写了《职业指导实践》一书。1929年5月,当时的南京政府全国教育会议通过了《设立职业指导所及厉行职业指导方案》,并规定了一些实施职业指导的办法。

新中国成立后,总体来讲,大学生创新创业指导是与大学生就业制度紧密联系在一起的。从新中国成立初期的1950年中央人民政府政务院发布的《关于分配全国公私立高等学校本年暑假大学生工作的通令》、1959年由国家计委制定的《关于高等学校大学生分配暂行办法》,到1981年国务院批转的国家计委、教育部和国家人事局《关于改进1981年普通高等学校毕业生分配工作的报告》,高校大学生就业实行的都是"统包统配"的就业制度。在这一时期,国家同时实行了劳动预备制度,它带有职业辅导的性质,但由于实行计划经济和就业的"统包统配"制度等多种原因,这项工作没有得到足够的重视。

改革开放以来,我国国民经济迅速发展。在社会主义市场经济体制下,就业制度发生了根本性的变革。1983年,国家颁布了《关于教育体制改革的决定》(以下简称《决定》),《决定》指出,对国家招生计划内的学生,其毕业分配实行在国家计划指导下,由本人选报志愿、学校推荐、用人单位择优录用的制度。这项决策为大学生就业制度的改革奠定了基础。1993年2月,中共中央、国务院颁布了《中国教育改革和发展纲要》,明确提出大学生就业制度改革的目标是:改革学校大学生"统包统配"和包当干部的就业制度,实行少数大学生由国家安排就业,多数大学生"自主择业"的就业制度。到2000年,基本实现了大学生就业制度的新旧体制转轨。随着改革开放后大学生就业制度改革的不断深化,特别是1993年《中国教育改革和发展纲要》的颁布实施,高校大学生创新创业指导教育也逐步开始并加强。1999年,随着我国高等教育体制改革的不断深入,大学生就业由"统包统配"向政府宏观调控、学校推荐、大学生和用人单位双向选择的就业模式过渡。在这种新的就业模式下,为了帮助大学生更好地求职择业,教育部要求各高校"重视发挥大学生思想教育的作用,要利用多种形式对大学生进行形势教育、国情教育、政策教育、职业意识和求职技能方面的教育,帮助大学生树立正确的择业观念，鼓励大学生自主创业，提高大学生为国家服务的自觉性，引导他们到祖国最需要的地方建功立业"。这样，根据教育部有关文件精神，广西大学等一批重点大学于1999年秋季开始将创新创业指导课作为必修课纳入统一的学籍管理，并成立了创新创业指导教育教研室。同时，国内很多高校也开设创新创业指导选修课。通过教育引导，特别是创新创业指导教育在就业工作实践中作用的充分发挥，使很多高校及大学生深刻认识到创新创业指导教育的重要性。到2001年，国内各高校普遍将创新创业指导从选修课改设为必修课。这样，新时期高校大学生创新创业指导教育也进入了一个新的阶段，并产生了积极的社会影响。

第三节 创新创业指导工作的基本功能和主要内容

一、大学生创新创业指导工作的基本功能

所谓功能，简单地说，就是指事物的功效和作用。大学生创新创业指导课的功能，实际上是本课程的性质及其能动性的重要体现，是职业发展与创新创业指导教育发挥的效能及其具有的重要的社会作用。概括起来讲，大学生创新创业指导课的功能主要表现在以下几个方面。

（一）管理功能

对外，代表学校与企业、政府、人才市场进行联络和沟通，为"双向选择"搭建平台；对内，建设并管理创新创业指导工作队伍，培养专业化职业化创新创业指导师及后备人才。

（二）服务功能

主要的服务对象为在校学生。服务的主要内容：提供系统的课程培训、专业化测评、咨询和辅导；创建专业化就业市场，畅通就业渠道，提供供需信息服务与咨询；办理各种就业手续；同时也应扩展到企业和社会求职人员，即为企业人才的选拔提供咨询，为社会求职人员提供指导、测评、培训和咨询。

（三）教育功能

主要工作对象是在校大学生。负责对学生进行职业观、成才观和就业思想的教育，引导学生正确处理国家需要与个人利益之间的关系，把个人理想抱负与国家兴旺、社会发展有机地结合，合理定位目标，自觉履行自己的权利和义务。

（四）研究功能

跟踪调查毕业生就业状况和社会对毕业生的评价及要求，及时了解、掌握职业和职场的发展动态，研究分析预测就业市场的趋势和职业发展，为学校专业设置、课程设置和培养计划的制订与实施提供参考依据。

（五）发展功能

大学生创新创业指导课具有促进个体与社会发展的双重功能。职业是人生在世的关键立足点，职业的选择既是对未来成长道路的选择，也直接关乎人生的幸福。而高校大学生由于涉世不深，社会经验不足，在择业与就业过程中常常困难重重，疑惑重重。基于此，开设大学生创新创业指导课，引导学生树立正确的就业观念，帮助他们提升自身职场竞争力与适应社会的能力，不仅是可行的，也是必要的。从根本上说，大学生创新创业指导课对促进大学生发展的功能主要表现在三个方面：一是帮助大学生树立正确的人生观、世界观、价值观，使他们的思想与社会发展同步，同时注重他们健康、良性情感、态度与价值观的培养与发展，使他们成为促进社会发展的力量；二是可以为全面提高大学生综合素质与就业技能提供指导与服务。大学生自身素质与就业技能不高也是当前不少大学生就业难的原因之一，有的大学生本身缺乏社会与用人单位所需的技能，有的大学生则不能较好地向社会与用人单位展示自己的才华，大学生创新创业指导课可帮助大学生自身综合素养的全面提升；三是帮助和引导大学生根据自身特点与社会发展的需求，选择最适合自己、最能够促进自身能力发挥的岗位，实现其人生价值与社会价值。

大学生创新创业指导课在很大程度上可以直接或间接地促进社会发展。一方面有利于促进人力资源的合理配置。大学生职业发展与创新创业指导的关键作用之一就是"使每个毕业生都能寻找到适合自己的岗位，使每个岗位都能寻找到最适合的人才"，从而实现人尽其才、人爱其岗。它通过提前挖掘大学生的潜力，帮助大学生提前形成职业定位，从而实现岗位与人才之间的合理配置，促进和谐社会的构建；另一方面促进教育体制改革的进一步深化。教育体制的不健全是当前培养的大学生综合素质低、缺乏就业技能、不能实现顺利就业的问题之一，对高校大学生创新创业指导课的强调与重视可以有效地改变这一现状，完善教育体制。

（六）激励功能

大学生创新创业指导课对各个阶段的大学生都具有目标性的激励作用。大学生在刚进入高校之初，择业、就业对于他们而言是遥不可及的事情，很多大学生不会对将来的就业问题进行规划，此时对他们进行职业发展与创新创业指导课的"洗礼"，不仅可以帮助他们正确认识社会发展趋势，与时代潮流保持同步，同时可以促使他们开始对自身未来的就业方向进行思考，从而提前锻炼与之相应的个人能力。对于大学二年级、三年级的学生而言，大学生创新创业指导课可以激励他们以全新的姿态开始学习，了解与就业相关的国家政策，时刻关注就业动态，并结合社会发展需求与自身兴趣及个人素养明确自身的择业兴趣，从而消解对于职场的迷茫心理。大学四年级是大学生就业最为关键的一年，也是检验与大学生职业发展与创新创业指导功用的一年，在此阶段，大学职业发展与创新创业指导不仅为学生提供最为及时、全面的创新创业指导与服务，并且激励学生为着自己的就业目标做出更大努力。

（七）反馈功能

一般认为，大学生就业现状与就业能力的反馈来自就业市场的数据。而实际上，大学生创新创业指导课同样具有反馈作用，而且相较于前者而言，通过这门课的反馈更具有前瞻性、可预测性、可调整性。首先，依靠就业市场与就业数据的反馈是已然形成的结果。用人单位不满足大学生的能力与水平状况，大学生不能适应社会发展的需求，是已然确定的事实，具有滞后性。大学生创新创业指导课则可在课程教学过程中及时了解并反馈学生发展现状，并向学生及时反馈当前的就业信息，从而提前实现信息的有效沟通。其次，如果接收到社会与用人单位的反馈，说明大学生已然出现被社会淘汰之势，已经是"为时已晚"的既成事实，大学生很难重返学校接受"回炉再造"。就业数据显示的冷冰冰的数字背后，更是一张张自怨自艾、无可奈何的年轻的脸庞。大学生创新创业指导课加强了学生与教师、用人单位的联系，可以帮助外界提前预知学生的发展现状，避免在学生进入社会碰到诸种状况之后才发现问题。最后，大学生创新创业指导课通过实现大学生与外界信息的相互反馈与沟通，可以帮助大学生及时调整自己的发展方向，弥补自身当前发展中的缺陷，提升就业技能，从而为走向职场、适应社会发展需求做出更为全面的准备。

（八）审美功能

爱美之心人皆有之，不仅个人追求美，用人单位、社会均有向美之心。在现实教学中，我们常常更加关注大学生通过职业发展与创新创业指导课汲取知识、储备能力，却常常忽视了大学生创新创业指导课本身具有的审美价值。由是，在大学生求职与职业发展过程中，不乏由于个人外在美欠缺与内在美不足造成的失败案例。然而一个成功的职业人不仅要注重自身知识与技能的增长，还要注意内在美与外在美的调节，只有将个体美好的外部形体与高尚的心灵相结合，才能造就不俗的气质与风度。大学生正处于个人身心发展与气质养成时期，正确发挥大学生创新创业指导课的审美功能，方能打造一个更为完美的职业人。具体来说，大学生创新创业指导课的审美功能主要体现在如下方面：其一，塑造讲究仪表、举止得体的外在美。个人仪表、行为举止虽是生活中的小事，却比一个人本身具有的知识、技能更为反映他的素质与涵养。在大学生求职就业与职业发展过程中，个人外在形态均对个人发展具有重要影响，甚至关乎成败。因而，在大学生创新创业指导课的教学过程中，应注重对学生外在形态美的培养与锻造，使学生注重自身外在美的养成。其二，培养具有高尚品德与情操的内在美。内在美涵盖的范围较为广泛，且成分更为复杂，不仅与后天培养有关，与个体先天遗传因素也有密切关联性。具体来说，在个体求职与就业过程中，具有谦虚、真诚、守信、不卑不亢、负责任等品质的大学生更能引起用人单位的重视与重用。所以，大学生创新创业指导课要注重学生良好品质与高尚情操的激发与养成。

二、高等学校大学生创新创业指导工作主要内容

第一，择业观指导。择业，即选择职业；大学生的择业观是指大学生在择业过程中对选择某种社会职业的认识、评价、态度、方法和心理倾向等的基本观点，是大学毕业生世界观、人生观、价值观在就业上的反映，它影响着大学生择业行为的产生。职业的选择，无论对个人的生存还是社会的发展，都具有十分重要的作用。每个人都有着对良好职业的渴望，从总体看，当前大学生的择业观的积极因素是主要的。择业观指导，帮助毕业生正确认识自身价值，明确社会需要，树立服从社会需求才可能实现自己人生价值的意识；认清个人利益、地位、名誉、专业、奉献之间的关系；帮助他们分析社会职业的状况，寻找成才的途径，使毕业生真正理解要成就一番事业必须从具体的工作扎扎

实实做起。

第二，就业方针、政策指导。针对毕业生就业过程中的思想问题往往与没有很好地了解国家的方针政策有关，因此在毕业生择业前，应对学生全面宣讲国家就业的方针、政策；帮助毕业生澄清模糊认识，使他们理解"双向选择"不等同于"自由择业"；明确毕业生、学校和用人单位的权利、责任和义务。

第三，择业技巧指导。谋职是毕业生向社会推销自己的过程，在这个过程中，就业技巧对毕业生求职成功十分重要。因此，我们要指导毕业生做好求职资料准备；介绍求职程序；我们还要指导学生掌握必要的公共关系知识，使学生学会自荐，掌握谈话技巧，从而给用人单位留下良好的第一印象。

第四，就业心理指导。有调查数据显示，随着竞争日趋激烈，高校大学生的心理问题近年来呈上升趋势，已达到就业人数的25%。在严峻的就业形势下、众多的竞争对手中，运用心理学的原理和方法，指导学生学会排除心理干扰、克服盲目自信、自卑畏怯、依赖等待、急功近利等心理障碍；帮助大学生建立起既具有远大理想又要艰苦创业的心理准备，积极地面对现实、适应社会；指导他们避免择业过程的盲目性、无序性、从众性；指导他们在择业时不应过分看重报酬、地域和行业，不应过分注重职业能否符合自己的兴趣爱好，忽视了当代大学生应尽的社会责任。这是一项非常必要且需要耐心细致的工作。

第四节　大学生创新创业指导工作的理论和实践依据

一、思想理论基础和方针政策依据

（一）马克思主义关于人的全面发展理论

人的全面发展包括人的需要的全面发展、人的素质的全面发展和人的本质的全面发展，归根到底是由人的本质的全面发展所决定的。马克思在《1884年经济学哲学手稿》中论证了人的全面发展，他认为人的全面发展是人的全面、自由、和谐的发展。首先是人的各种能力的充分发展，"使社会全体成员的才能得到全面发展"；其次是人的社会关系的全面丰富，他认为，"社会关系实际上决定着一个人能够发展到什么程度"，"只有在集体中，个人才能获得全面发展其才能的手段，也就是说，只有在集体中才可能有个人的自由",意即人的全面发展只有在社会关系中才能实现;其三是人的个性的全面发展。马克思指出,个性的充分发展就是"一切天赋得到充分发展。"人的全面发展的本质在于人的社会属性和社会关系、社会性需要和精神需要、社会素质和能力素质的全面发展。教育是造就全面发展的人的唯一方法。

(二) 教育的基本规律

教育规律是教育现象与其他社会现象及教育现象内部各个要素之间的本质的内在的必然的联系或关系。教育的基本规律是教育与社会发展之间的矛盾和关系,教育与人的身心发展之间的矛盾和关系。

教育与社会发展的关系主要反映在教育与社会政治经济制度的关系。社会政治经济制度决定着教育的性质、目的、领导权和受教育权以及教育的结构、类型和管理体制。教育与社会发展相互制约的规律,揭示了教育与生产力相互制约,教育与社会政治经济相互制约。教育与人的身心发展之间相互制约的规律。人的身心发展是指人的身体的发展、知识技能的获得、思想品德的形成、审美情操的陶冶,也就是德、智、体、美、劳几方面的发展。教育与人的发展关系主要体现于教育在人的发展中起主导作用,学校教育具有明确的目的性和方向性,是专门培养人的活动,按一定方向,选择适当内容,采取有效方法,利用集中的时间,对人进行系统的教育和训练,使人获得比较系统的文化科学知识和技能,形成一定的世界观和道德品质。学校教育具有较强的计划性和系统性,这就保证了人才培养的高质量和高效率。学校教育具有高度的组织性。这对年轻一代身心发展的作用和影响,比其他任何社会生活条件都大得多,有效得多。教育与人的身心发展的关系是辩证的。一方面教育促进人的发展,人的发展依赖于教育;另一方面,教育作用的发挥又受人的身心发展状况的制约,要使教育真正发挥其主导作用,就必须根据人的身心发展规律进行,即:教育要适应人的发展的顺序性和阶段性、教育要适应人的发展的不均衡性、教育要适应人的发展的稳定性和可变性、教育要适应人的发展的个别差异性。亦即,教育必须适应和促进社会的发展;教育必须适应学生的身心发展特征和促进学生的全面发展。创新创业指导作为大学教育的重要内容,在实施过程中,必须遵循教育的基本规律。

(三) 创新创业指导理论

创新创业指导学是一门新兴边缘交叉学科,有着自己的学科规范和发展规律,它融合了哲学、教育学、社会学、心理学、人才学、思想教育学、医学、信息科学、系统科学等学科的研究成果，形成自己的理论体系。创新创业指导理论和实践最早起源于美国，其理论渊源为美国帕森斯（Parsons）创立的职业指导（vocational guidance）理论。萨帕（Super. D. E）等人完成了从"职业指导"到"生涯辅导"的理论嬗变，生涯辅导（Career counsulting）理论发展成熟。

随着创新创业指导的发展，美国学者萨帕以年龄为依据，将职业生涯阶段划分为成长阶段、探索阶段、确立阶段、维持阶段和衰退阶段等五个阶段。并分析了不同年龄段个体特征、知识水平要求对其职业偏好的影响。美国著名的职业指导专家金斯伯格是职业生涯发展理论的典型代表人物之一，他的研究重点是从童年到青少年阶段的职业心理发展过程，研究对象是美国富裕家庭的年轻人。它将职业生涯发展分为幻想期、尝试期和现实期三个阶段。大学生一般在17~21岁的年龄段，按照上述的理论，应该为职业探索和职业准备阶段。开始注意职业角色的社会地位、社会意义以及社会对该职业的需要。

在翻阅大量的资料并结合我们在创新创业指导工作中的调查研究和分析的基础上，我们认为，我国的大学生创新创业指导应该是通过传授知识、提高技能、转变观念等手段，培养和发展与大学生职业生涯目标相适应的职业能力的过程。我国大学生创新创业指导，应该吸收借鉴西方先进的生涯辅导理念，结合我国的国情（高等教育和社会职业发展实际），以马克思主义关于人的全面发展理论为指导思想，注重个人的发展同社会的进步与发展相和谐，重点放在提高和培养大学生从事未来职业所需要的知识技能与伦理观念上，建设全面的、科学的、发展的职业指导理论。实践表明，创新创业指导是帮助大学生增强主体意识，开拓美好未来的有效形式，重视加强大学生择业过程中思想政治工作，坚持创新创业指导的教育性原则，共同完成和实现高校大学生的培养目标。在高等院校教育产业竞争激烈的环境下，对高校大学生就业状况衡量，直接影响学校的招生人数、生源质量，影响高等学校是否能够形成和谐的校园环境、能否获得良好的可持续发展的条件。

现阶段，高等教育大众化，我国高校毕业生人数的激增，年增长率为20%，而且，大学生的供给速度高于经济增长的速度的现象还会在一定时间内存在。大学生就业作为一个社会问题，需要全社会的共同努力。大学生就业情况是衡量一所大学办学质量和办学水平的国际公认的重要指标，是一所大学知名度和社会认可程度的象征，是大学可持续发展的保证。

（四）方针政策依据

社会主义市场经济体制的建立，为深化就业制度的改革提出了更进一步的目标，现阶段我国确定的就业工作的基本方针是：以充分开发劳动力资源、统筹安排城镇劳动力为出发点，依靠社会各方面的力量，拓宽就业门路，促进实行劳动者自主择业、市场调节就业、政府促进就业，保持就业局势稳定。

根据国家有关文件，当前促进高校毕业生就业主要有以下一些政策措施：

1. 鼓励和支持高校毕业生到农村基层支教、支农、支医、扶贫等工作，经过两三年锻炼，根据工作需要从中选拔优秀人员到县、乡（镇）机关和学校或企事业单位担任领导工作，或充实到基层金融、工商、税务、审计、公安、司法、质检等部门。上述部门、单位的领导和专业岗位，原则上都应由具备大学学历以上并具有相关专业证书的人员担任。

2. 鼓励高校毕业生到西部地区工作。对原籍在中、东部地区的毕业生到西部地区工作的，实行来去自由的政策，根据本人意愿，户口可迁回原籍，由政府主管部门所属的人才交流机构提供免费人事代理服务。到西部贫困边远地区工作的高校毕业生，可提前定级，并根据实际情况适当提高工资标准。录用到各级政府机关工作的应届高校毕业生要安排到基层支教、支农、支医、扶贫或到企业锻炼一至两年。中央国家机关各部门从高校应届毕业生中考试录用的公务员，要安排到西部地区基层单位锻炼一至两年。

3. 鼓励到非公有制单位就业。到非公有制单位就业的高校毕业生，公安机关要积极放宽建立集体户口的审批条件，及时、便捷地办理落户手续，用人单位要按照国家有关规定与所聘高校毕业生签订劳动合同，为其办理社会保险手续，缴纳社会保险费，保障其合法权益。从事个体经营和自由职业的高校毕业生要按当地政府的规定，到社会保险经办机构办理社会保险登记，缴纳社会保险费。鼓励和支持高校毕业生自主创业，工商和税务部门要简化审批手续，积极给与支持。

4. 鼓励人才合理流动。取消对接收高校毕业生收取的城市增容费、出省（自治区、直辖市）费、出系统费和其他不合法、不合理的收费政策。省会及省会以下城市开放对吸收高校毕业生落户的限制。省会以上城市也要根据需要，放宽高校毕业生就业落户规定，简化有关手续。公安部门对应届毕业生凭用人单位与毕业生签订的《就业协议书》和高校毕业生所持的《普通高等学校毕业就业报到证》办理其落户手续；对非应届毕业生凭用人单位录（聘）用手续、劳动合同和《普通高校毕业证书》办理其落户手续。

5. 完善未就业高校毕业生的有关政策。对毕业离校时未落实工作单位的高校毕业生，档案管理机构对保管其档案免收服务费用。学校可根据本人意愿，将其户口转至入学前户籍所在地或两年内继续保留在原就读的高校，待找到工作单位后，将户口迁至工作单位所在地。超过两年仍未落实工作单位的高校毕业生，学校和档案管理机构将其在校户口及档案迁回其入学前户籍所在地。

二、工作实践基础和大学生就业现实特点

（一）工作实践基础

随着改革开放的深入，高等教育的发展正面临着诸多压力，其中一个关键的部分就是大学生就业。联合国教科文组织、国际教育发展委员会编著的《学会生存——教育世界的今天和明天》和世界银行、联合国教科文组织高等教育与社会特别工作组编著的《发展中国家的高等教育：危机与出路》中，都有相关表述。

我国大学生就业制度不断改革，1993年实行了学生志愿、学校推荐、用人单位择优录用的双向选择的过渡就业政策，2000年全面实行自主择业制度。1996年原国家教委正式发文要求各高校成立毕业生创新创业指导机构，加强毕业生创新创业指导工作，从近二年的实际工作情况来看，仍主要表现为"季节性快餐"，学生临近毕业时才对其进行信息服务、政策解说、法律咨询、组织招聘活动、应聘技巧的指导和毕业思想教育等。这种模式是帕森斯式的就业安置而非生涯指导，只重就业之果，忽视了发展之根，本末倒置。联合国教科文组织在《学会生存——教育世界的今天和明天》的报告中，批评这种人与职业的客观配对是"新马尔萨斯论"；并且认为，不应培养青年人和成人从事某一种特定的、终身不变的职业，而应培养他们有能力在各种专业中尽可能多地流动并永远刺激他们自我学习和培养自己的欲望。这种模式受到的最直接的现实挑战就是，到学生就业时，社会所提供的就业机会已经非常明确，学生也已经没有发展的余地，只能根据现有的条件在少数几种职业中做出决策。联合国教科文组织的分析非常深刻："谋求职业的动机看来也不可能保证真正民主化，这种动机也有很大的缺点，因为它使人相信：每种学位都有取得与资历相当的职业的权力，结果那些找不到与其资历相当工作的毕业生就感觉到自己是受骗了，他们宁愿失业，也不愿从事那种名声较低的技能，因为这会降低自己的身份，何况这个教育体系又没有教给他们这种技能。"

我国学者刘燕斌主编的《全球就业报告》也指出了青年人是社会就业群体的弱势群体，但同时又表现出对社会经济发展的敏感，我们应该认识到：青年人的职业不稳定常常会导致社会动荡。因此大学生就业问题必须引起我们高度重视。作为一直工作在大学生创新创业指导一线的高校教师，我们必须以创新的思想来改变现有的创新创业指导"季节性快餐"的模式，在创新创业指导的理论、方法、模式等问题上做好研究，推动

所在学校的毕业生创新创业指导工作的进一步完善。

笔者一直不间断地从事着创新创业指导方面的一线工作和研究。项目组对大一至大四的学生进行了职业规划与创新创业指导的调研，共发出问卷 1500 份。调查结果表明有 65% 的同学在上大学之前是自己选择的专业，但有近 35% 的同学并不知道自己是否真正喜欢所学的专业，这反映了同学们在当初选择专业时的盲目性。如果所学专业自己并不喜欢，有 64% 的人觉得努力学习，通过不断学习来渐渐加深自己对所学专业的感情是解决问题的方法。有 36% 的同学认为如果不喜欢自己的专业，毕业后先从事本专业相关的工作，以后有机会再伺机跳槽。对于社会实践的态度，有 42% 的人会主动寻找机会，有 18% 的人认为有就参加，没有也无所谓，有 40% 的同学认为做学生干部对将来就业有帮助，可以提高多方面的能力。

同时，有 35% 的同学对自己的个性、兴趣、能力不是很了解，这无疑增加了就业时的难度。对于就业前应具备的最重要的因素，有 25% 的同学认为是与人沟通、交往、相处的社交能力；有 25% 的同学认为是积极的心态，认真地态度；有 15% 的人认为是职业选择及规划的能力、明确的职业定位与目标，而从大一到大四认为专业知识技能是主要能力的只占了极少数。而对于就业压力的来源，大一、大二的同学多认为是人际沟通能力差，大三、大四的同学则多数认为是专业能力不强，这无疑与上一个问题的调研结果产生矛盾。看来究竟是否应该学好专业课，要学到什么程度，相当一部分同学也不是那么清楚。对于就业，有 35% 的同学希望第一份工作通过参加招聘会或网络应聘得到，25% 的同学希望直接向目标企业提出申请自己找。针对考研，有 40% 的人是为了提升学历，以便于职场发展。

对于职业规划这个名词，一、二、三年级只有 15% 的同学非常清楚，有 25% 的同学略知一二，而大四的同学中有 60% 的同学知道，但非常清楚的也只占少数，这说明在我国职业规划教育开展较晚，而据调查，有 25% 的同学希望大一时就开展职业生涯教育，有 25% 的同学希望大二时开展，有 50% 的同学希望大三时开展，可见，同学们是急切渴望尽早得到这方面知识的。

（二）大学生就业现实特点

应该认识到，高校应届毕业生在劳动力市场中属于新成长劳动力，具有初次性、专门性、群体性等特殊性，就业的基本特征主要表现在以下几个方面：

1. 具有较强的竞争力。新成长劳动力中的大多数人受过专业知识和能力训练，具有较高的学历层次，是人力资源中的优质群体，也是劳动力市场上的优势群体。一般情况下，他们就业的单位科技含量高，发展潜力大，就业岗位知识含量高，工资待遇好。所以，在就业竞争中处于十分有利的地位，具有广阔的就业前景。如何使这些人才找准自己的定位，尽快发挥个人作用是创新创业指导服务的重要内容。

2. 具有较大发展潜力。由于大学生中的多数人的职业趋向是考虑职业自身发展和今后长远发展的机会，所以，就业的主要流向是经济相对发达的中心城市。从业领域也表现出"三多"现象，即考公务员多、出省多、去国企多。以上结果表明，只要积极引导，大学生在中西部等地区和东北老工业基地还可以大有作为；集体企业、私营企业、外商投资企业等非国有单位也是吸纳大学毕业生的重要渠道。由此可见，大学生的就业需要较强的适应性，这也是创新创业指导服务的重要内容。

3. 不同学历、专业和性别影响就业。随着经济的发展，社会对大学毕业生的需求在不断增长，但供需结构矛盾依然突出，所以这个群体的就业状况存在差距。从学历看，对研究生的需求高于本科生，对本科的需求又大于专科；从不同学科看，理科、工科类毕业生就业率相对高一些，文科类相对低一些，即工科、理科专业技术领域的毕业生就业状况要比人文社会科学专业好得多。据统计，工科、理科、文科三类学科毕业生就业率的平均差距大约是 8 个百分点。如果以全职就业为标准，那么女毕业生则处于不利地位，男女毕业生就业率差距大约是 5 个百分点。

4. 缺少就业能力和工作经验。就业能力是指获得与保持工作的能力，即指劳动力在劳动力市场上自由流动通过持续就业而实现潜能的能力。由于大学毕业生绝大多数属于初次就业，没有工作经验，知识能力储备不足，择业技巧与社会实际状况之间存在较大差距，所以，一部分毕业生因不能适应劳动力市场的需要而不能立即就业。而且"经验准入"门槛过高也限制了毕业生就业，职场普遍要求求职者具有一定（往往是 2~3 年）的相关工作经验。有数据显示，35% 的应届毕业生表示是因为缺少实际工作经验而难以落实工作。

5. 就业预期非理性化。主要表现在两方面：一是他们的就业单位选择预期与人才市场的实际需求有较大差异，二是对主观预期的收入水平高于实际市场价值。就业预期的非理性表现必然导致求职过程的难度加大，寻找与磨合过程加长。

第五节　国内外关于大学生创新创业指导课的研究

通过文献搜索总结现有大学生创新创业指导课的研究现状和趋势，在此基础上以课程目标、课程内容、课程现状、课程评价四大版块对国内和国外研究文献进行梳理,并对中国知网资源总库中的文献资料进行检索梳理,以职业生涯规划、创新创业指导课程、大学生为检索主题,检索时间限定为 2004 年至 2014 年,将其期间所有文献进行精确检索,检索结果如下。

一、国内大学生创新创业指导课计量分析

我们以中国知网学术网络出版总库为搜索工具,对现有研究层次和研究数量进行了简要的统计分析。以创新创业指导课程、大学生为检索主题,检索时间限定为 2004 年至 2014 年。通过对大学生创新创业指导课程研究期刊文献的计量分析可以发现:

第一,2004 年 –2014 年国内关于本门课的研究取得了较大的成就,研究数量逐年增加。大学生创新创业指导课程相关研究期刊文献数量在 2004 年涉及该主题仅有 4 篇,以不断增长的态势到 2014 年则高达 178 篇;涉及大学生创业教育相关主题的研究 2004 年为 5 篇,同样经过一路增长在 2014 年达 205 篇。

第二,相关研究质量有待进一步提高。创新创业指导课程相关的期刊文献研究 2007 年核心期刊有 14 篇,占当年总量的 22.1%;2009 年有 18 篇,占当年总量的 17.14%;2010 年有 14 篇,占当年总量的 9.92%;2011 年为 26 篇,占当年总量的 16.35%;2012 年为 22 篇,占当年总量的 11.17%;2013 年为 20 篇,占当年总量的 10.93%;2014 年为 8 篇,占当年总量的 24.9%。近十年,大学生创新创业指导课程研究在核心期刊总共 136 篇,占总量的 12.05%。大学生创业教育课相关研究总体要比大学生创新创业指导课相关研究质量稍微有所提高,总量上核心期刊论文占比 21.18%,但总体来看质量水平依旧需要提升。这在一定程度上说明虽然创新创业指导课程相关研究数量上取得了重要突破,但在质量和层次上并不理想,甚至出现了滑坡的现象。

第三,从学科类别来看,大学生创新创业指导课相关研究主要集中于高等教育和职业教育两门学科之中。随着时代变化研究走向了跨学科化,其他学科类别如经济相关学科、人才相关学科也逐渐对本门课程进行关注和研究。总体而言,国内关于大学生创新创业指导课程的研究兴起于 2004 年,这与当时的时代背景不无相关。一方面,我国就业制度已由统一分配走向完全市场化,加上此时正值 2008 年经济危机前夕,国内就业市场受到相应冲击。另一方面,2008 年前后正处于我国大学生扩招之后毕业生大量流向社会的时期,高校毕业生就业问题逐渐显现。大学生就业创业成为一个社会问题,并引起了学术界,特别是教育界的关注和讨论;同时,教育部办公厅在 2007 年 12 月印发

《大学生职业发展与就业指导课程教学要求》，为课程的研究和建设提供了条件保障的基础。然而，尽管课程研究已有多年，在研究数量上取得了巨大突破，但研究质量依旧需要进一步提升。课程研究依然存在较大的研究空白，这些空白与不足需要后续研究者进一步解决，同时也为后续研究者提供了空间和可能。

二、国内大学生创新创业指导课研究综述

国内创新创业指导课程的相关研究主要涉及课程目标、课程内容、课程实施和课程评价等四个方面。

（一）课程目标

教育部办公厅印发的《大学生创新创业指导课程教学要求》（下称《教学要求》）中对课程的目标作出了详细的规定，同时，文中又将课程目标详细地划分为了态度、知识和技能三个层面。

1. 围绕《教学要求》并结合教学实践对课程目标进行论述与提炼

围绕《教学要求》并结合教学实践对课程目标进行的论述与提炼中也出现了研究差异，一部分学者对《教学要求》中的目标进行探讨与思考，如朱丹通过对《教学要求》的性质与目标研读后提出，课程的目标包括"大学生职业发展、职业生涯与规划、创新创业指导、职业素养提升等方面"[27]，并认为当前大学开设的相关课程并没有完全等同于《教学要求》的规定，而是有所调整更加细化地开展教学（如：毕业生创新创业指导、毕业生就业概论、大学生职业指导等），而课程的不同用语也体现了课程目标的不同，如"职业"是对应于大学生养成职业方面素养的目标，"就业"主要体现了帮助毕业生更好地寻找工作的课程目标。付文科通过对《教学要求》研读以及相关大学的教学实践总结之后，认为大学生创新创业指导课程应该是"使大学生意识到在人生的新起点确立自身发展目标的重要性，思考未来理想职业与所学专业的关系，了解职业生涯发展的基本概念和基本思路，确立长远、稳定的生涯发展目标[28]；了解具体职业的要求，有针对性地提高自身的职业素养与技能，增强在大学学习的目的与积极性，从而提升大学生职业生涯发展方面的核心竞争力。"

---

27. 朱丹.《大学生职业发展与就业指导课程教学要求》解读与思考 [J]. 职业, 2009(7X):3.
28. 付文科, 刘继昌. 大学生职业生涯规划与创业指导 [M]. 浙江大学出版社, 2010.

2. 对当前课程开展中实际课程目标的问题进行探讨

檀钊认为当前的大多数学校认为其为一门思想政治教育课程，开设的目的是帮助学生明确地了解相关就业政策、就业状况，引导学生树立正确的职业观念，培养学生的社会责任感，然后为国家的建设做贡献，而忽略了学生就业能力和生涯管理能力的培养[29]。武建京通过自身教育的经验以及对相关高校的走访提出，高校课程目标的设定，表面以《教学要求》为准，但在实际的操作过程中或多或少都会携带一些功利化的倾向，目标定位高于就业率，而对于"通过激发大学生职业生涯发展的自主意识，树立正确的就业观，促使大学生理性地规划自身未来的发展，并努力在学习过程中自觉地提高就业能力和生涯管理能力的目标很少突出，也有学者按照群体的不同对职业发展与创新创业指导课程的目标进行了细化的界定"[30]。

课程目标与性质是大学生创新创业指导课程改革过程中最基础的一环，不仅关系到课程的内容，也会对课程的发展起到重大的影响。对课程目标的认识关系到大学生创新创业指导课程是否能够有效、有序的开展。当前的学者主要是依据《教学要求》以及自身的教学实践对课程目标进行论述和补充，并且对于没有符合教学目标的大学生创新创业指导课程开展的状况进行披露与分析。

（二）课程内容

《教学要求》对大学生创新创业指导课程的内容有相关规定，主要有建立生涯与职业意识、职业发展规划、提高就业能力、求职过程指导、职业适应于发展和创业教育等六个方面。在课程实施过程中，学者对其内容也有相关研究，主要是通过自身实践结合《教学要求》中的内容规定，对当前课程内容进行讨论与批判，主要有以下四个方面：一是课程内容有偏颇，职业发展与创新创业指导之间不平衡；二是课程内容设置过于集中，缺乏连续性与渐进性；三是课程内容设定缺乏针对性，人云亦云；四是课程内容应该进行多方面尝试，进行改革。

1. 课程内容有偏颇，职业发展与创新创业指导不平衡

谭波认为，创新创业指导课程内容老化、单一，缺乏规范性的体系，课程内容上只局限于对就业方面的分析与讲解，而且创新创业指导方面仅限于课堂上讲授，课堂下指导较少，缺乏内容的连续性[31]；教材方面，对理论夸夸其谈，内容体系不完善等诸多问

---

29. 檀钊.高职院校就业指导课程教学改革的成果、问题与展望[J].轻工科技,2015.

30. 孙传远.新课程背景下有效的课堂教学研究[D].上海师范大学.

31. 谭波.新工科背景下高职物流管理专业课程体系构建研讨[J].广西教育,2019(39):3.

题，导致创新创业指导课程的内容对学生的创新创业指导没有太大帮助，提出教学内容应该以学生为导向，把"指导"变为"辅导"，更加深入地进行教学内容构建。林壬漩以自己所在学校为研究对象，指出当前大学生创新创业指导课程的内容中，偏向对理论的分析，着重对就业的政策、形式、技巧等方面的知识，缺乏对适应能力、职业素养以及文化方面的教育，认为这种教学内容的定位对学生的创新创业指导虽然有所帮助，但是对学生更为重要的职业发展却没有太大帮助。檀钊认为，当前的大学生创新创业指导课程中，更多的是针对当前的就业形势分析、就业技巧传授等方面的内容，而对于专业思想、从业心理、法律知识等关于学生综合职业素质方面的培养则相对较少[32]。李燕认为，当前大学生创新创业指导课程中，内容设置主要集中于对求职技巧方面的传授，对于学生职业发展方面的教育较少，同时，教学内容方面呈现出普遍性现象，没有因为学生的不同以及学科的不同而调整教学内容，缺乏教学内容设定上的人文关怀[33]。

2. 课程内容设置过于集中，缺乏连续性与渐进性

梁梅认为，大学生创新创业指导课程具有"全程性"的特点[34]，在课程内容构建的同时，要针对不同的年级的学生的学习、心理以及生活等特点进行综合考虑，针对大学一年级的学生进行生涯意识与职业规划的培养；二年级学生进行职业能力和素质拓展的教育；三年级的学生教育过程中注重求职准备与心理调适；四年级则是对学生进行职业适应与发展的培养。高洪等人将课程内容分为职业生涯规划、职业素养提升以及创新创业指导三个部分，每个部分针对不同的时间段开展，将大学生创新创业指导课程融入到各个年级之中，如大一下学期与大二上学期进行职业生涯与发展规划的培养，使学生了解确立职业目标的意义，并根据职业表现出的特性，将自身所学专业与未来投身的职业联系起来，通过大学四年循序渐进的培养，帮助学生更好地就业。曾继平认为，对于大学生而言，职业发展与创新创业指导课所要求掌握的知识和需要发展的能力不能一蹴而就，而是循序渐进的[35]，因此，课程的内容选择与确定，应该注重循序渐进，根据学生在不同年级的发展特点，进行分时段教育，在分段教育的过程中，同时也要注重一部分内容的一致性，如对职业情感、态度等方面的培养。

3. 课程内容设定缺乏针对性

---

32. 檀钊. 高职院校就业指导课程教学改革的成果、问题与展望[J]. 轻工科技, 2015.

33. 李燕. 当前大学生就业工作中思想政治教育的研究[D]. 南开大学, 2010.

34. 赵娣. "将创新创业教育融入高职院校就业指导课程"途径研究[J]. 长江丛刊, 2019(28):2.

35. 曾继平, 林辉春. 板块式就业指导模式下教师指导能力的发展路径[J]. 中国成人教育, 2014(20):3.

田洪伟认为教学所用教材内容老化,缺乏时代性,而且教学过程中对教材的选用主要是部编和省编教材,并没有针对学校的特殊性进行自编教材,出现了重点院校与高职院校教学内容相同的局面[36]。王振等认为,当前高职院校在大学生创新创业指导课程的教学大纲制定方面缺乏系统性,教材的选用也极具普遍性,并没有突出学校与学生的特殊性,而且教学的过程中,只是注重于泛泛而谈,并没有涉及过多的实际案例分析,对学生的帮助性普遍过低,有待提高[37]。

4. 对课程内容应该进行多方面尝试,进行改革

白俊杰、郭辉认为当前大学生创新创业指导课程中的内容上的固化,不利于全面的提高学生的能力,提出新型的"BB"教学模式,在教学过程中,更加注重实践化的教学内容,如模拟招聘、团体辅导等,强调内容不必有所局限,可以邀请成功校友进行讲座式教学等[38]。黄学萍与董爱智提出应该将大学生职业发展与就业课程与德育教育联系在一起,在课程内容中引入德育知识,促进学生养成爱岗敬业的良好美德[39]。唐蕾、李如铁通过对大学生创新创业指导课教学中缺乏对毕业生进行心理教育的现状的分析,认为当前的课程开展过程中,应该重视对学生的心理辅导,在教学中引入心理方面的内容。丰富的课程体系是十分必要的[40]。

课程内容的设定关系到学生在大学生职业发展与创新创业指导的课堂上能够获得什么,因此对课程的内容进行讨论是必须的、也是必要的。《教学要求》中对内容的限定具有很强的纲领性的特色,在教学中实际进行的内容则呈现为普遍性,缺乏自身特色。

(三)课程实施

随着2007年《教学要求》印发,本课程也在全国范围内的高校中普遍开展,对课程开展状况的研究成为学者研究的重要方面。根据学者的研究,当前的大学生创新创业指导课程的开展现状堪忧,存在了诸多问题。学者对课程现状问题论证的依据主要有两个方面:一是依据自身的教学与工作实践进行论证;二是通过对学生和教师的调查、调研进行论证。

---

36. 田洪伟. 初中语文教科书中人物的价值取向探讨[J]. 课程教育研究, 2017(31):1.

37. 苏传华, 张毅. 大学生职业发展与就业指导[M]. 北京中国铁道出版社, 2012.

38. 白俊杰, 郭辉. 浅议BB—课堂—个体辅导三位一体教学模式在大学生职业发展与就业指导课程中的应用[J]. 中医教育, 2011, 30(6):2.

39. 黄学萍, 董爱智. 大学生职业指导课中加强德育教育的途径[J]. 中国成人教育, 2010(18):2.

40. 唐蕾, 李如铁. 在毕业班就业指导课中加强心理教育的探讨[J]. 中国大学生就业, 2008(8):2.

1.依据自身的教学与工作实践进行论证

田洪伟认为，当前大学生创新创业指导课程中存在着两个方面的不足，一方面是在职业生涯的教育课程中，体现为系统性、协调性、科学性等缺乏[41]；另一方面是在创新创业指导课程中，体现为教学安排的功利化、教学内容的片面化、课程定位偏差化以及授课时间的安排不合理等，严重影响课程的开展与进行。胡哲通过对大学生创新创业指导课程开展历程的回顾上，结合自身教学实践，认为当前财经类院校中相关课程存在诸多问题[42]，如提出当前的教师只由专业教师、政治辅导员、创新创业指导中心的行政人员担任，而且多为兼职，课程的师资结构与课程管理方面需要进一步优化提高；指出当前课程的定位与课程内容的构建存在不少问题，仅仅将大学生创新创业指导课程当作一门含有学分的共修课，而不是学生成长的必修课；指出当前教师上课的模式趋于老化，缺乏多样性，没有常态性的服务体系等问题。汤锐华在自身的工作经验与课程的发展回顾的基础上进行探讨，认为我国的大学生创新创业指导课程处于一种落后化的状态[43]，存在课程建设上面思路狭隘、不开阔、缺乏多方论证的局面；课程体系只是偏向于就业方面，对入职的教育不够重视，缺乏系统性与整体性；课程教学模式单一化，创新创业指导效果不显著等问题。陈怡中与易弟兰结合自身在招生就业处的工作经验对大学生创新创业指导课程进行探讨，认为学校对相关课程的地位重视不够，导致学生积极性不高[44]；课程开展时间设计不合理，仅仅是临阵磨枪，对学生的实践性指导不够；教学队伍专业性不够，对学生的指导性不强，有相关学科背景的教师较少等问题已成为大学生养成良好的职业习惯、更好就业的阻碍。何旭认为，当前高校在针对学生的创新创业指导工作中主要存在以下一些问题：教学内容的方面，教师普遍会注重"简历制作"等技巧方面以及理论方面的内容，而对于一些就业政策的解析以及具有实践性的指导工作却极为缺乏[45]；教学形式上只是选用灌输式课堂的模式，讲—听模式结合，对于教师与学生之间的互动以及学生的自我解决问题能力的培养作用不大；教师中很

---

41. 田洪伟.《大学生职业发展与就业指导》课程建设研究 [J]. 出国与就业（就业版），2010.
42. 胡哲. Moodle 网络课程的社会网络分析技术实践 [D]. 华中师范大学，2016.
43. 李颜龙，李冬，郭佳昆，等."大学生创新创业基础"课程教学方法的改革与创新 [J]. 明日，2019(5):1.
44. 陈怡，杨阳，刘晓婕. 模拟公司实习对工商管理专业学生就业的促进 [J]. 山西财经大学学报，2011(S3):2.
45. 李小天，何旭. 贵州高校创新创业孵化基地建设研究与探索 [J]. 现代经济信息，2015(16):2.

少有专业的学科背景，教师的质量与数量难以保证；课程的实际操作中，缺乏全程的观念，只是集中时间进行就业方面知识的传递，把教学只针对毕业生，对学生会产生不良的影响；课程目标的方面仅仅局限为将学生从学校送上工作岗位，并没有对学生进行深层培养的目标。课程进行的保障体系仍旧没有构建完全等方面。陈先玉与张燕在参考一般本科院校和高职高专学校的基础上，通过对安徽省11所独立学院的大学生创新创业指导课程的调研得出独立院校对课程建设的重视度不够；课程老师的专业化程度有待提高[46]；创新创业指导课程的内容僵乏，需要进一步丰富等问题。

2.另外一部分学者调查的主体为学生

如丁晓妮等通过对重庆市几所高校320名大三学生进行调查后发现，当前的大学生创新创业指导课程中存在着课程没有体系化、形式单一、缺乏针对性；教师专业性低；硬件条件匮乏[47]；考核与评价机制缺乏等状况。胡玉东通过对南京邮电大学的230名学生进行问卷调查之后发现，对学校提供的创新创业指导课程的同学满意度仅为39%，认为当前的学校开设的大学生职业发展与创新创业指导方面的课程并不能完全满足学生的要求，高校中对于学生的创新创业指导工作与教学亟待加强与完善[48]。郑智贞等对山西省10所高校选取1500名学生与150名教师进行了问卷调查后得出结论，认为当前的大学生创新创业指导课程中主要在教师、课程内容、教学方式、课程设置以及教学考评等方面存在问题[49]：教师方面的问题主要是高校中创新创业指导课老师比较少，而真正专业的课程老师就更少，呈现出专业化与职业化的偏低现象；课程内容中的问题主要是教授的内容与学生的需求严重脱节，不能呈现出教师与学生中良好的对接；教学方式中，大多数老师主要依靠讲授的方式进行上课，学生则更多需要一些类似于招聘会的实践活动来获得知识，当前的教学方式较为单一，与《教学要求》中的规定相差甚远；课程设置中主要存在的就是时间问题，没有注重学生的变化性，在集中时间开设大学生创新创业指导课程，此外

46.陈先玉,张燕."四课一体"的独立学院就业指导课程体系构建[J].宿州学院学报,2012, 27(12):3.

47.丁晓妮.浅议大学生职业指导的若干难点与对策[J].成都师范学院学报,2012, 28(1):10-12.

48.朱国平,胡玉东.高校扩招后毕业生就业工作的实践和思考[J].南京邮电学院学报(社会科学版),2000(04):45-48.

49.郑智贞,班惠英,王兴文.大学生职业发展与就业指导课程教学现状研究——以山西省10所高校为样本的调查[J].教学研究,2013, 36(6):4.

也很少重视到专业的不同，呈现出普遍传授的现状；教学考评方面并没有引起领导的重视，只讲教学，没有成绩考核标准，对教师的督促力度极为弱小。胡媛媛与袁忠霞通过对四十二所高校近千名学生以及部分创新创业指导人员进行问卷调查得出结论，认为当前的课程中存在诸多问题：课程内容方面千篇一律，并没有重视学生的需求与专业；课程评价方面，依靠考试或论文考评学生，教师考评则极为缺乏，整体上没有有效的考评手段；师资方面，教师专业度低，教研活动开展情况不容乐观；经费方面，高校中对课程的经费总体上与国家规定相差甚远，设备上极为落后[50]。

（四）课程评价

《教学要求》中对课程的开展方式并没有进行过多的论述，主要提出一些建议供各高校在实施过程中参考："应当充分发挥师生双方在教学中的主动性和创造性；采用理论与实践相结合、讲授与训练相结合的方式"；以及'充分利用各种资源'等方式"。学者们在对大学生创新创业指导课程的开展现状进行分析的基础上，提出了课程开展的建议。评价主要集中在课程的目标与性质、课程管理、课程设置、课程内容、教师队伍、教学方式、教学评价与保障等方面。

第一，课程设置。课程设置也是大学生创新创业指导课程开展过程中最为基础的一部分，课程设置是否科学，对学生的影响极为重要。当前的课程设置中，受到了学者的强烈批判。基于此，学者们对课程设置也提出了不少建设性意见。譬如丁晓妮等认为，课程设置上，应该改变一节课形式，而是要打造课程群的方式，按照阶段与相关模块进行拆分[51]。陈先玉与张燕认为，除了学生正常的学期内学习之外，应该在此基础上引进学生社团的素质拓展以及就业实训等[52]。郑智贞认为，课程设置应该根据学生的年级、专业等不同，结合社会以及学生的需求进行[53]。有学者提出将课程进行系统化、模块化的构建，并且根据每个阶段学生的状况不同进行不同的模块教学。有学者提出，在进行

---

50. 胡媛媛，袁忠霞．大学生职业发展与就业指导课程实施现状调查[J]．出国与就业：就业教育，2010．

51. 丁晓妮，李晓勤，李江．《大学生职业发展与就业指导》课程体系改革的路径[J]．宁波教育学院学报，2013, 15(6):4．

52. 陈先玉，张燕．"四课一体"的独立学院就业指导课程体系构建[J]．宿州学院学报，2012, 27(12):3．

53. 马慧．新疆高职院校体育课程设置的几点思考及建议[J]．青岛职业技术学院学报，2011, 24(5):3．

分段教学的同时，课程的设置上要立足于全程化、整体观。

第二，课程内容。课程内容是课程的重要组成部分，对课程内容的合理安排对课程的有序开展会有极大的帮助。学者基于对当前课程开展现状的理解，对课程内容方面提出了一些非常有建设性的观点。比如檀钊认为，课程内容的安排应该体现版块化、项目化，构建技能、态度、知识为一体的教学体系[54]。孙炜峰认为，课程内容中应该引入案例，案例不仅能够激发学生的兴趣，而且也能更好地丰富就业信息，给学生提供想象的空间[55]。陈先玉与张燕认为，课程内容应该进行理论、实践、技能、实训方面的贯通，根据学生发展阶段的不同进行梯度式的教育[56]。有学者提出，大学生创新创业指导课程培养的应该是全方面的人才，其内容选定应该是心理健康、生涯设计、学业、择业、创业、升学等方面的协调融合；涵盖心理学、教育学、社会学、经济学等各种学科的知识。

第三，教学方式。教学方式是实现老师与同学良好沟通的重要辅助。创新教学方式是学者们的共识。檀钊认为，教学方式的选用是与教学规模紧密相连的，课程应该采用单班授课，分小组进行实践，实行全真与仿真模拟的教学方式[57]。张莹也提到了教学规模的问题，其认为小规模的课堂，可以使得同学有更多的互动机会，而且有助于进行团体辅导，而后通过专业测评、案例教学等方式对学生进行全方位的辅导[58]。有学者提出了应该用体验式的教学方法。体验式教学有两个方面，一个是针对教师，教师要建立起以学生为本的教学理念，解放师生双方的思想，另外就是针对学生，教学中以学生为主体，充分发挥学生的主观能动性，实现教师与学生的更好结合。文亚西对体验式教学进行了研究，体验式教学方式不仅可以使大学生自我潜能得到充分的发挥，也可以极大地增强课程的实用性[59]。韩颖梅认为，当前教学的方式应该摒弃传统的理论传授，利用案例分析、情景模拟、系列讲座、教学实践等方式构建完善的教学方式[60]。马洪亮与王静

---

54 檀钊.多专业渗透的高职类文秘专业课程模块化研究述论[J].教育与职业,2012(3):2.

55 孙炜峰.思政教育在影视教育中的应用——评《融媒体时代中小学影视教育与思政教育：从理论到实践》[J].教育发展研究,2022,42(7):1.

56 陈先玉,张燕."四课一体"的独立学院就业指导课程体系构建[J].宿州学院学报,2012,27(12):3.

57. 檀钊.高职院校就业指导课程教学改革的成果、问题与展望[J].轻工科技,2015.

58. 张莹.网络环境下的课堂教学互动研究[D].辽宁师范大学,2007.

59. 文亚西.课程体验式教学在"大学生职业发展与就业指导"课程中的应用探讨[J].兰州教育学院学报,2014,30(6):3.

60. 韩颖梅."三明治"教学法在法学教学中的应用[J].黑龙江高教研究,2011(9):150-151.

提议，大学生创新创业指导课程的教学应该是以学生为主体，通过引导学生培养兴趣与习惯、树立职业意识等方式开展教学，可以更好地发挥课程的时效性与影响力[61]。有学者在除了案例式与模拟式教学方式之外，还提出了游戏式的教学方式，通过围绕不同主体进行游戏活动的设计，可以有效地提升学生的沟通能力。吴勇等认为，可以实行"校企联姻"的模式，优化整合企业资源以及进行劳动力市场调查来提高学生的能力[62]。郑冰认为，大学生创新创业指导课程可以引入后现代主义视角，将网络中的游戏与课程教学紧密结合，以网络中游戏的理念作为教学的素材，进一步激发学生的创造性与主动性。[63]有学者认为，将校园文化活动与课程相结合，一方面可以扩大课程的影响力，另一方面也可以提高学生的参与积极性，可以将相关的教学推向高峰，起到不可替代的作用。有学者提出了情景式的教学方式，通过引入相关案例的具体情景以及招聘的具体情景来进行教学。李继梅提出以项目为导向进行课程的开展，将课程内容划分成不同的项目，以项目开展的形式进行教学[64]。罗福建、朱成赟认为大学生职业生涯规划的课程实施的设计应"本着'以学生为中心'的理念，[65]采用实践性、主体性、针对性、有效性原则，课堂教学采用课堂讨论、模拟仿真、亲身体验、针对性训练、经验分享、调查测评等实践形式，使大学生职业生涯规划课真正成为充满实践教学内容的课程。"梁健（2011）提出了加强创新创业指导及就业思想政治教育的方法——集体教育与个别教育结合，日常教育与毕业教育双管齐下，加强榜样教育与岗位实习管理，家庭教育、社会教育和学校教育结合，[66]拓新思政教育的现代性与时代性，培养强烈的事业心与责任感。也有学者从该课程的实践性本质出发，探讨了该课程实践性实施的对策。如陶礼军、楼勤、孙冬梅（2011）提出了职业指导的实践教学[67]。"职业指导实践教学的理论主要来自

---

61. 马洪亮，王静. 大学生职业发展与就业指导课程实施的实证研究——基于上海某高校学生的调查[J]. 高校辅导员学刊，2011, 3(3):5.

62. 吴勇，宋专茂. 基于提高学生职业能力的人才培养模式探索——校企合作培养高职人才的实践[J]. 广州大学学报：社会科学版，2004, 3(5):6.

63. 郑冰. 后现代主义对大学生职业发展与就业指导课程教学的启示——以网络游戏在课程教学中的应用为例[J]. 中国大学生就业，2012(18):5.

64. 李继梅. 以项目教学法开展课程教学的尝试[J]. 江苏技术师范学院学报，2008.

65. 罗福建，朱成赟. 大学生职业生涯规划课课堂实践环节的设计[J]. 重庆电子工程职业学院学报，2012, 21(4):3.

66. 梁健. 探析加强就业指导及就业思想政治教育的方法[J]. 中国科教创新导刊，2011(23):18-18.

67. 陶礼军，楼勤，孙冬梅. 职业发展与就业指导实践教学探索[J]. 江西教育：综合版（C），2011(4):2.

Kolb（1984）提出的体验式学习模型：认为学习、转变、成长是'积极尝试—亲身体验—观察反省—总结领会'这样一个封闭系统的整合过程[68]。认为在教学中综合运用小组讨论、案例分析、游戏、职场对话、职业访谈、操作练习、情境模拟、角色扮演等多种方法，提供一个注重体验的学习环境，使学生在亲身体验的基础上学习、观察反省和总结领会职业问题"。金绍荣、梁成艾认为，针对当前创新创业指导课存在的问题，应秉持"三因定向，九九归一"创新创业指导法则，构建"三性分层、实践导向"的课程设置模式和"校、生、企结合，三方联动"的学习方式是该课程脱困的有效路径[69]。李明立提出小品表演可以应用于就业指导课教学中[70]。刘常春、赵浩政认为"情境教学法是一种通过设置典型的'场境'来激发学生学习'情感'的现代教学法，它是相对于传统理论教学法之外的一切趣味性、实践性、参与性的教学方式的总称"，可以应用到大学生创新创业指导课的课堂教学中[71]。吕平、徐东昊提出了案例教学法在大学生创新创业指导课中的应用[72]。桂莉娜提出了大学生创新创业指导课引入团体心理辅导技术的必要性和可能性以及注意事项。刘畅提出将心理剧技术有机地融入了高职学生创新创业指导课教学中[73]。

第四，教学评价与保障体系。教学评价与保障体系的构建是督促课程更好发展的动力。有学者研究中提出，社会保障体系的构建需要学校层面对相关学科，譬如心理学、管理学、社会学等学科的统筹支持，构建强有力的专业支撑。课程评价依靠课程网上平台的构建，可以更加有时效性、更加便捷地获取学生发展状况与分析学生发展趋势，进而有效地对课程进行评价。龚小龙认为，对课程评价不仅只是局限于学校的课业考核，而且要建立一种毕业生跟踪制度，通过观测毕业生的发展来对课程进行考核[74]。陈雨等提议采用"优秀校友—相关专业学生"的对口讲座、教师与学生建立友情、针对性教

---

68 傅永超.基于"实验导向+BOPPPS"的中学化学教学模式研究——以"电解池"活动设计及教学为例[J].中学化学,2019(5):4.

69.金绍荣,梁成艾."三因定向,三性分层,三方联动"的就业指导课新模式[J].职教论坛,2011(36):71-74.

70.李明立.小品表演在就业指导课教学中的应用与思考[J].山东行政学院学报,2011(5):2.

71.刘常春,赵浩政.情境教学法在"大学生就业指导"课教学中的运用探析[J].黑河学刊,2011(12):2.

72.吕平,徐东昊.案例教学法在大学生就业指导课中的应用[J].中国科技信息,2007(6):2.

73.桂莉娜.团体心理辅导技术在大学生就业指导课中的运用[J].科技信息,2012(30):1.

74.龚小龙.基于校本课程的中职学校课程过程性评价探究[D].华东师范大学.

学、开展专业技能训练活动等方式进行教学[75]。

三、国外研究现状

（一）创新创业指导

创新创业指导作为职业指导的重要组成内容，其发展的历程可追溯到百年之前。近代职业指导始于欧美各国，为了缓和就业和失业之间的突出问题而造成的阶级矛盾，维护资产阶级的统治，也为了加强国际竞争能力来追逐最高的经济利润，各国纷纷开始探索对职业指导活动的进行与开展。1902 年，德国出现了职业指导活动；1903 年，德国政府设立少年职业介绍机构，国民福利局编制调查表，调查各地实施职业指导的情况。1904 年，英国格尔顿女士在哥拉斯克的学校内实施职业指导。1908 年，法国巴黎设立就职指导学校。但职业指导真正得到蓬勃发展的还是在美国。1862 年，美国通过了"摩雷尔法"，这是一部专门关于职业教育的法令。自此美国职业技术指导正式发展起来。同年，美国波士顿大学教授弗兰克·帕森斯（Frank Parsons）教授在波士顿创立职业局，宣传职业指导，并对失业工人施实职业指导；同时，帕森斯还对学生由于未经训练和指导而求职失败的原因及改进的试验方法进行了专门研究，编写创新创业指导书刊，培训创新创业指导人员，协助家长、教师解决学生的择业和职业训练问题。此外，各工业城市还相继办起了职业技术讲习所，以适应新的生产力对生产者智力素质的新要求，上述情形标志着美国创新创业指导事业已初具规模。到 19 世纪 80 年代初，在美国职业教育委员会的建议下，美国中学每 250 名学生就设立一名职业指导人员，这些职业指导人员的任务主要包括：一是负责引导和帮助新入学的学生选择具体的专业，向在校生介绍有关专业，指导他们选修课程；二是了解学生的职业意愿和身心状况；三是预测职业的发展和变化趋势；四是对毕业生进行具体的求职择业指导。1911 年美国哈佛大学在世界上首开先河，为大学生开设了创新创业指导课。

（二）就业教育与课程研究

通过对现有国外文献的梳理分析发现，国外对大学生创新创业指导课课程的研究相

---

75. 陈瑜，陈俊梁. 基于实践能力培养的人力资源管理专业教学改革研究 [J]. 高等财经教育研究，2015(2):5.

对较少，更多的目光聚焦于就业教育研究。大学生创新创业指导课是一门具有时代性和相对特殊性的产物，而欧美对就业教育的研究主要兴起于20世纪初期，并在20世纪初期达到一个研究高峰，而后又逐渐减少。国外对课程的研究之所以较少，一方面是因为国外，特别是发达国家教育体系中侧重于学生综合能力的培养，强调在基础教育中对职业生涯的指导，将就业创业渗透到整个教育过程之中，甚至已经将大学生创新创业指导课课程相关内容融汇进了中小学教育之中。另一方面是因为国外大学生就业压力总体不同于我国，大学生就业观念与我国相比，还有很多的不同之处，在一定程度上并不存在我国大学生结构性失业的困境。但创新创业指导与就业教育在国外大学教育中同样具有必要性，因而能从现有研究中窥视国外对课程和就业教育的探索与思考。

第一，课程的性质与目标。创新创业指导是教育基本功能的体现。社会的进步与发展对劳动者不断提出新的要求，个体的创造性在工作中扮演着越来越重要的角色。社会需要的变化作用于教育的变革与进步，致使学校不仅要及时处理来自社会的变化，更应该把社会的变化融入到学生课程教学之中。课程建设应当顺应时代的变化，不断做出调整。创新创业指导对于需要进入职场的每个人都十分重要，是影响个体的职业满意度的重要因素。课程的最终目标在于帮助学生顺利地由学生向职业人转变。有学者通过对泽维尔大学（Xavier University）的研究表明，国外高校对学生的创新创业指导课程定位于一种辅助课程，辅助学生增加与专业相关的职业的了解，并逐渐养成学生的职业意识，提高学生的职业匹配度；此外，课程体现出一种强制性，学生学习专业课程的期间，必须完成相应的创新创业指导课程。如，1988年，英国议会通过了《教育改革法》，以法令形式规定了"全国学校课程"，1989年英国开始在全国中小学倡导的"交叉课程，其中职业教育与指导作为交叉课程的主题之一被提出，在这个主题里职业教育与指导被认为最为首要的目的是帮助学生开发自我意识，正确认识自己。实施针对性教育、作出职业与培训选择，以及掌握好从基础教育向新阶段（高层次教育或就业）过渡的必不可少的先决条件。学校应为所有学生提供以下机会：①个别指导；②了解系统的求职程序；③获取工作的直接经验；④接触有关教育、职业、培训与求职机会方面的各种信息来源；⑤编写个人学历介绍及工作经验，在中学后期阶段写个人行动计划。"

第二，课程设置。在市场经济相对发达的欧美国家，研究者认为就业创业指导课程设置既需要政府主导，更需要融入市场的因素，以保障就业实现和谐。有学者通过研究指出美国的课程设置体现出多层次，课程的设计体现出极强的针对性，有的课程的开展是针对于大学新生，有的则是针对于高年级的学生。也有学者提出美国的课程设置可以划分为学生的职业决策提供帮助、对学生找工作进行帮助和指导以及比较特殊的学科的过渡或连接的课程。

第三，课程内容。课程内容方面，有学者通过对美国的大学生创新创业指导课程研究指出，美国的创新创业指导课程中教学传授的内容主要有职业的选择因素、职业选择的信息以及寻求工作的技巧等几个方面，仍有一些学校的课程内容涉及学生的自我评价与自身的职业规划方面以及关于劳动市场的知识。

第四，教学队伍。大学生创新创业指导课课程教学过程中，教师扮演了重要的角色，伴随教育的发展，需要加强对教师专业性和综合性的训练。国外有研究将课程教师分为有效的和成功的两种类型，有效的教师往往只是将课程内容加以引导，而成功的教师更加有意识地和具有选择性地针对性对学生进行就业创业指导。也有学者通过对相关大学的调查研究表明，课程的教师队伍由各个学科的专业老师、职场工作人士组成，就业创业指导课程的教师队伍需要根据不同教学内容进行选择。

此外，大部分学者主要从课程对学生的影响的角度对课程进行研究。如学者对290名心理学的毕业生进行了研究，发现经历了比较少的职业发展咨询课程，会对学生未来的发展产生不小的影响。也有学者通过对学生的未来发展与是否经历职业咨询课程进行了对比研究，结果表明对学生进行职业发展方面的培训或进行相关课程，不仅对学生的相关职业的看法与态度都会有显著的影响，对学生的工作与就业也会产生巨大的影响。但是并非所有学者都得出了相同的结论，如有学者通过对24组背景相似度非常高的学生进行的实验研究，结果表明，大学生经历的职业发展与创新创业指导课程与同辈群体相比并没有对学生的职业习惯的养成有太大的影响。

综上所述，在大学生创新创业指导课程的研究中，学者们对当前的课程开展状况进行了比较全面的研究，并取得了较多的研究成果。学者们普遍认为在当前的大学生创新创业指导课教学中，无论是课程的定位、设置、管理等方面还是教学的方式、队伍以及评价方面都存在许多问题，为此需要进行深入的改革与研究。现有研究提出了许多难能可贵的对策建议，可将这些建议总结为以下四方面：

第一，课程目标方面。课程设置需要以社会需求为导向，从实际中寻求课程的培养目标，将学生期望与社会市场需求有机结合。大学生创新创业指导课课程核心目标以帮助学生就业创业为核心，再具体进行合理的教学目标设计。

第二，课程设置方面。课程的设置既要有普遍性，也需要有针对性，要根据学生年级与专业、学生特质等特殊因素进行分段设计。

第三，教学方式方面。课程管理应该在就业部门中设立专门的课程研究室，专门管理课程的开展。教学方式既要有课堂讲授，同时也需要发挥学生的主体性作用，教学效果取决于教师与学生的有效互动。在采取课堂讲授的同时，还应该结合案例分析、小组讨论、模拟招聘、就业实践等更易发挥学生主体作用的教学方式。

第四，师资队伍建设方面。鉴于大学生创新创业指导课课程是与社会需要结合紧密的课程，因此教学队伍的建设需要更为多元化。教学队伍的构成不仅需要专业教师，也需要从企业中选取优秀人员任教。

当然，当前学者的研究具有一定的合理性，但是也存在一些缺陷：

首先，当前研究普遍将课程划分为独立的几个方面，然后从各个方面进行研究。然而，对大学生创新创业指导课程的研究应该是一个整体，课程的目标与性质、课程的内容、教学方式等是相互联系相互影响的。研究视角的孤立有限，导致研究结论尽管针对性较强，但也局限了研究结论的代表性与有效性。

其次，现有研究普遍将当前的状况与《教学要求》进行对比，然后指出不足，进而按照《教学要求》提出建议，并没有过多提出具有创新性的观点。而大学生创新创业指导课程是一门极具时代性和社会性的课程，仅按照《教学要求》进行研究讨论，必然会束缚课程应有的创新性和社会性，使学术研究与社会实际脱节。

最后，现有研究大多以理论分析为主，缺乏足够的经验数据分析，研究结论和对策建议比较宏大，缺乏足够的可行性。也有学者的研究主要是从个人的教学以及工作经验入手，对现状进行批评论证，然后再根据自身的经验提出解决的方案。尽管有少数学者进行了问卷调查和实证研究，但是研究成果往往仅仅停留在数据现象表面，而没有进行深入研究和论证。在后续研究中，我们可从如下几方面进行拓展：

第一，在研究方法上，增强研究的实证性。当前社会科学的发展已在很大程度上能够满足实证研究的需要。对于课程研究，可以运用实证调查统计等方法，了解课程相关个人和组织（如学生、教师、用人单位、学校）的期望与要求，从而为发现问题、解决问题提供有效经验支持。

第二，研究内容上，提高研究的广度和深度。现有对课程的研究往往就课程论课程，很少有关注大学生创新创业指导课课程相关的研究内容，如学生期望、社会需要、国家期望、学生群体特征等方面，进而从多维度对大学生创新创业指导课课程设置、实施效果等方面进行有效阐释和提出相应对策。与此同时，还应将综合性和针对性有机结合，一方面从宏观的视角出发对课程相关问题进行研究，另一方面也需要提升大学生创新创业指导课课程研究的针对性，如对创新创业指导、创业教育与职业生涯规划等教学内容分门别类地进行分析。

第三，研究对象上，拓展研究范围。大学生创新创业指导课课程研究对象和缺陷，应不仅局限于学生、教师两大主体上，而应将其拓展到与其相关的用人单位、社会经济环境、国家政策等方面。总结而言，对于这样一门时代性、社会性较强的课程，需要以一种多元化、综合化与专业化的视角进行研究。现有研究的不足，正是后续研究需要加以注意和提升的地方，也是本研究的价值之所在。

四、教学设计

（一）国内教学设计研究回顾

教学设计自引入我国以来，研究范围不断扩展，研究内容不断丰富，已经使其成为教育技术学、教学论中的一个重要分支。概观当前所有研究，主要包括教学设计基本概念研究、教学设计的发展历史及趋势研究、从不同视角出发对教学设计的研究、教学设计方式或模型研究。

1. 教学设计基本概念研究

归纳起来，关于教学设计概念的研究比较有代表性的主要有如下几种观点：一是"过程说"。乌美娜认为，教学设计是运用系统方法分析教学问题和确定教学目标，建立解决教学问题的策略方案、试行解决方案、评价试行结果和对方案进行修改的过程。二是"程序说"。在冯学斌等人看来，教学设计是运用系统方法，将学习理论和教学理论和原理转换成对教学目标、教学内容、教学方法和教学策略教学评价等环节进行具体计划，创设教与学的系统过程或程序。三是"技术说"。鲍荣认为，教学设计是一种旨在促进教学活动程序化、精确化和合理化的现代教学技术。

2. 教学设计发展历史及趋势研究

我国关于教学设计发展历史的研究多是循着国外教学设计发展轨迹进行。钟志贤认为，教学设计的发展经历了自在孕育期、诞生兴起期、正式发展期和转型发展期四个发展阶段。每个阶段都因媒体技术、学习理论、社会历史背景等方面的不同而形成其特点。彭海蕾认为我国教学设计研究已经从仅仅介绍西方有关教学设计思想转向更加人文化、科技化、网络化的研究。也有学者借助"媒介"回溯教学设计发展历史。任健认为，在教学设计发展过程中，教学媒体起到了重要的推动作用。他在回顾20世纪初以来媒体演变历程的基础上，考察了不同阶段教学设计理论和实践的研究状况。

此外，不少学者在回顾教学设计发展历史的基础上，分析了教学设计研究领域的新趋势。任友群认为教学设计发展的新趋势为注重跨学科研究、信息技术的整合、学习环境建设及评估。谢幼如等认为教学设计研究的趋势表现在注重跨学科、跨领域、跨文化的研究与应用，注重符合个性化和全面发展的信息化学习环境设计，注重激励学生发展的教学评价设计，注重绩效理念与绩效技术的引入以及注重新媒体、新技术的应用五个方面。

3. 从不同视角出发对教学设计的研究

随着研究的日渐深入，不少研究者为了获取对教学设计的新认识，开始从不同视角出发加以考察。辜荡芳基于学习风格视角考察教学设计。她主要对柯勃关于学习风格的研究、柯勃关于学习过程的研究、大脑功能研究的新进展、伯妮勒根据柯勃的学习风格理论提出的教学设计模式进行了介绍。赵建华、李克东对信息技术环境下基于协作学习的教学设计进行考察。在他们看来，协作学习对于培养学生的创造能力、求异思维、批判思维、探索发现精神、与学习伙伴的合作共处能力、自尊自强等非常重要。因而，他们对介绍协作学习与协作学习模式、协作学习的基本理论的基础上，对协作学习模式下的教学设计进行了探索。魏国生探讨了基于网络的合作学习的教学设计。钱小龙、邹霞则运用教学设计的原则和模式对设计、开发基于网络课程的过程进行了描述。张建波将认知负荷理论（CLT）作为研究教学设计的新视角，提出从认知结构入手考虑教学设计。张莎基于脑科学对教学设计进行了思考。她利用现代脑科学的一些研究成果，如左右脑在功能上分工协作、脑功能发展受环境影响、脑具有多元智能结构、情感对大脑的认知过程有重要影响、人脑工作时会产生脑电波等对教学设计进行了研究。

4. 教学设计方式或模型研究

目前，教学设计领域已经涌现出大量的教学设计方式或模型。其中讨论最为广泛的是基于建构主义的教学设计模式。余胜泉等在考虑建构主义教学设计原则的基础上，架构了一个建构主义教学设计模型，借以为建构主义的教学设计提供处方性的解决方案。钟志贤根据知识时代的特点和教学设计学科的发展走势，针对学科教学设计的局限，建构了以学生发展为目标、面向知识时代的教学设计模型，并勾勒了模型的基本特征。王健、陈明选根据理解性教学精神提出理解性教学设计的基本模式。张广兵等则在反思当前教学设计模式过于僵化、单一、线性的前提下提出移情式教学设计。曾祥栩探讨了研究性学习活动的教学设计模式。他认为，教学设计是有效实施研究性学习活动的前提和关键，而面向研究性学习活动的教学设计理论的系统研究则较为薄弱，基于此，他架构了研究性学习活动的教学设计模式（ILACD模式），这一模式具有以学生为中心、以活动为中心的特点，具有开放性。曾佑来认为教学设计应该关注"人"的发展问题，基于此提出生命化教学设计模式。在他看来，生命化教学设计的特征是生命"人"

的回归、注重课堂教学动态生成及教学设计范围得到拓展。

（二）国外教学设计研究回顾

在西方，教学设计的出现与发展主要是建基于学习心理学的发展与社会的需求两大因素。自教学设计出现以来，迅速发展成为备受研究者关注的对象，并展开一系列较为深入而系统的研究。具体来说，其内容主要包括如下几个方面。

1. 教学设计概念研究

加涅指出，教学设计是一个系统化规划教学系统的过程。史密斯和雷根也认为，教学设计是把学习与教学的原理转换成教学材料、活动、信息资源和评价方案的系统化和反思性的过程。梅瑞尔则认为，教学是一门科学，而教学设计是建立在这一科学基础上的技术，因而教学设计也可以被认为是科学型的技术。教学的目的是使学生获得知识技能，而教学设计的目的则是创设和开发促进学生掌握这些知识技能的学习经验和学习环境。通过对上述典型概念的呈现可以发现，国外对教学设计的基本认识也是从过程、技术等几个层面出发的，我国当前的认识则仍旧沿袭了国外这一认识理路。

2. 教学设计模型研究

研究者们从各自研究视角或理论基础出发开发出形态各异的模型。比较有代表性的教学设计模型有：

一是迪克和凯利的系统化教学设计模型。这是一个典型的基于行为主义的教学系统开发模型。从制定教学目标始，到进行最终评价为止，形成一个系统化教学过程。这一模式将整个教学过程视作一个系统，而系统的每一环节都通力合作，才能使系统效果达到最优化。二是肯普模型。这一教学设计模型是由肯普于 1977 年提出，该模型认为教学设计主要应涵盖四个要素，即教学目标、学习者特征、教学资源和教学评价。这四个要素是一个完整的教学设计必不可少的。肯普模型的一大特色在于设计者可以根据自己的特色和习惯，选择某个因素作为起始点，灵活性与可操作性较强，使其成为教学设计模型中强有力的代表作。但是它由于过分强调设计者的控制作用，容易忽视和限制学习者主动性的发挥。三是史密斯—雷根模型。这一模型由史密斯和雷根于 1993 年提出，是在迪克凯利系统化教学设计模型基础上发展而来。他们把教学设计模型分为分析、策略和评价三个阶段。第一阶段主要用以分析学习环境、学习者、学习任务，制定初步的设计栏目；第二阶段用以确定组织略、传递策略、设计教学过程；第三阶段进行形成性评价，并对预定的教学过程进行修正。

以上为当前较有代表性的三个教学设计模型，这些模型各有优缺点，但它们共同丰富了教学设计研究，使得这一研究领域异彩纷呈。

（三）国内外教学设计研究反思

通过上述文献回顾可以发现，国内外教学设计发展至今已经是一个内涵极为丰富、理论体系较为完善、方式与模型种类多样的研究领域，并对当前课堂教学产生了较为深远的影响，极大提升了课堂教学的质量与水平。由于当前关于教学设计研究的文献资料较为庞杂，我们虽未能穷尽，但通过上述呈现的教学设计"剪影"不难发现，当前国内外教学设计研究主要呈现如下特点：

其一，国内外研究者们对教学设计虽未能形成统一的认识，从而形成了"过程说""设计说"等不同观点，但毋庸置疑的是，对教学设计的认识无不从教学理论与教学实践两个层面出发，较好沟通了教学理论与实践之间的关系。

其二，教学设计始终处在动态发展中。通过当前关于教学设计的研究趋势可见，它没有成为一个固化的理论，停留于现有研究水平，而是随着新理论、新思想、新观念的出现而发展，通过与这些新理论、新思想、新观念的结合，为自身注入新鲜血液，以更好地改进实践。

五、研究述评

通过对当前关于大学生创新创业指导课及教学设计的研究综述可以发现，当前虽不乏对大学生创新创业指导课及教学设计各自的研究，而且研究视域不可谓不广、研究内容不可谓不深，但具体谈论大学生创新创业指导课教学设计的针对性研究却较为稀少。然而，大学生创新创业指导课作为大学教育中的一门通识必修课，缺乏专门教学设计的教学是零散而不成系统的，这种教学充满随意性且低效。同样，教学设计作为提高教学效率的一种教学技术或教学程序，需要贯彻到任一教学阶段、任一门课中，它不是一种"花瓶式"的摆设，也不是一种"高不可攀"的教学理想，而是可以真真切切落实在教学实践中的操作性"工具"，是可以使大学生创新创业指导课变得系统而高效的有效"工具"。

第三章 国外创新创业教育的组织变革与创新

第一节 美国大学生创新创业教育的理论发展

创新创业教育,在美国也称为"职业教育"或"生计教育",作为一项重要的社会活动,它是应西方国家经济发展、职业分化以及解决失业问题等需要而产生于欧美国家。创新创业教育和职业指导理论的先驱是美国的弗兰克·帕森斯。早在20世纪初,帕森斯的职业指导理论就已确立,并影响至今。帕森斯著作《选择一个职业》的出版标志着职业教育和创新创业教育理论的正式产生。

创新创业教育起源于20世纪初叶,历经一个世纪的发展,经过三次思想转折,分为四个发展阶段,是心理学思想在实践运用中的不断超越与扬弃。

第一阶段(1908—1942),创新创业教育理论提出和基本模式建立时期——帕森斯和威廉姆斯的特质因素论。19世纪末20世纪初,美国社会处于自由资本主义向垄断资本主义过渡时期,工业革命以后,产生了许多前所未有的新兴职业,青年人难以准确了解各种职业的信息,做出正确的就业选择。另一方面,社会职业专门化对劳动技能要求不断提高,青年就业前如果没有接受一定的职业训练很难找到适当的职业,职业指导就应运而生了。1908年,美国波士顿大学教授帕森斯创办了波士顿创新创业指导所,1909年,帕森斯撰写了《职业的选择》一书,在世界范围内首次运用了"创新创业教育指导"这一术语,系统阐述了科学的职业选择理论,即特质因素论,由此也构建了帮助青年学生了解自己、了解职业,并使人的特点与职业要求匹配的咨询和斡旋的职业指导模式。帕森斯因此被称为"职业指导之父"。

第二阶段(1942—1951),重视个人发展的时期——罗杰斯的来访者中心疗法。1942年,罗杰斯出版了著名的《心理咨询和心理治疗》,他认为"咨询的目的是提供一种气氛来解放患者,使他能自由地实现自我。"罗杰斯认为应当给与来访者自我认识的机会，赋予其自我成长的责任。这种非直接提出建议的、以来访者为中心的方法强调人们普遍具有自我发现的潜能、自我抉择的能力，要尊重人的自由发展的权利。1951年，罗杰斯的《来访者中心疗法》问世，标志着这一人本主义理论流派走向成熟，同时推动了创新创业教育的重点从开发职业素质测试的技术向职业咨询的方法与技术转变，职业指导观念向创新创业辅导观念转变。这一阶段，普遍承认了人们有自我发展的潜能、自我抉择能力的观点，尊重人的个性、尊重个人的选择是罗杰斯人本主义思想对人的职业选择过程产生的深远影响。

第三阶段（1951—1971），生涯辅导的形成时期——金斯伯格和舒伯的生涯发展理论。金斯伯格于1951年出版了《职业选择》一书，对青少年职业选择的过程与问题作了深入的研究，将职业发展分为空想阶段、尝试阶段、现实阶段三个时期，指出"职业发展是一个与人的身心发展相一致的过程。"但是他对进入职业后的发展变化考虑较少，与舒伯的理论相比影响力要小得多。舒伯经过多年对生涯的发展测评、自我观念、适应、成熟等领域的大量研究，于1957年出版了《职业生涯心理学》一书，首次使用了职业生涯概念，将职业生涯定义为一个人终生经历的所有职位的整个过程，系统阐述了职业生涯发展的十二项基本命题和五个发展时期，成长、探索、建立、维持和衰退，构成职业生涯发展的基本主张和框架基础。舒伯集差异心理学、发展心理学、职业社会学及人格发展理论之大成，推动了由静态的、一次完成的创新创业指导向发展的、多次完成的职业选择的转变，成为继帕森斯之后又一位里程碑式的大师。

第四阶段（1971年到现在），生涯辅导成熟、完善和国际化的时期。进入20世纪70年代，职业生涯的内涵进一步扩大到家庭生活，舒伯将生涯定义为"生活中各种事件的演变方向和历程，包括人一生中的各种职业和生活角色，由此表现出个人独特的自我发展类型。它也是人自青春期至退体之后一连串的有报酬或无报酬职位的总和，甚至包含了副业、家庭和公民的角色"。这是舒伯采用一种生命全程和生活整体的观点来进行研究和理论概括的。美国创建于1913年的国家职业指导学会也更名为美国辅导与发展学会。这一时期生涯辅导在发展中不断完善、创新，在各国发展中融入民族色彩、不断本土化的过程。

第二节 美国大学生创业教育的现状

在美国，创业教育既包括创新创业意识的培养，也包括对大学生进行就业指导。创业教育和就业指导本质上都是高校人才培养工程的组成部分，是相辅相成的关系。美国高校开展创业教育并非只是培养学生毕业后创建自己的公司，更多的是有针对性地介绍公司创立、经营、管理、营销等基本知识，其主要目的也不是让学生放下学习，尽快自主创业，而是通过这种面向现实社会中真实经济生活的商业挑战，让大学生走出书斋，放眼市场经济的格局，强化创新精神和独立自主的主动品格以及各种社会应对能力，通过创业教育提高就业能力，也为他们以后的就业或创业做好知识储备与思想基础。

一、就业市场状态

（一）失业率上升，市场吸收毕业生比例有下降趋势

美国劳工部 2020 年公布的报告显示，美国的失业率已经升至 6.1%，为 9 年来最高水平，近九百万人失业。密尔沃基人力资源公司最近发布的"就业展望调查"显示，美国现在的就业前景为 12 年来最差。自美国经济 2001 年底摆脱衰退开始复苏以来，失业问题不断恶化，全美已减少二百多万个职位。

（二）人才需求结构已经变化，知识经济要求人才学历不断提高

美国 1990 开始从制造型经济逐渐向知识经济型过渡，雇佣人员模式也因此发生相应转变，对被雇佣的人员学历要求提高。各种工厂已裁掉 260 万个岗位，削减的岗位主要集中在对学历要求不高的制造业和运输业。与制造业在美国经济中所占比例日益缩小形成强烈反差的是，服务业所占比例越来越大。但不少制造业裁减下来的人员，却因缺乏服务业的相关技能和知识而无法找到工作。美国的人才市场表明教育程度越高，就业也就越稳定。

二、就业理念和社会心态

虽然大学生找工作不容易，但美国的社会、公众、学生和家长的心态平稳。据调查美国高校的教授、专家、在校大学生、留学生、管理人员、家长等普遍对大学生毕业找工作难问题持稳定心态，表现在以下三个方面：

（一）生存是理想的基石，先养活自己，再实现理想

就业不能追求一步到位，首先得找一个活干，理想是从现实做起，找不到专业对口

的工作，并不等于失去理想。一个专门为毕业大学生服务的网站进行的民意调查发现，80%的受访者认为，"只要有活干就好"，"找工作的人是活就干"。毕业并不等于一定要实现职业理想，首先要生存，再谈理想。面对就业难，许多大学毕业生心态稳定，接受现实，降低要求，积极适应。

（二）面对现实，调整自己，积极应对

很多学生毕业后找不到合适工作，便以积极态度应对，边打工边读第二专业。这就要求毕业生要调整自己的人生航道，只有适应社会，才能找到自己的位置。

（三）选择专业就读和就业，是个人能力的体现，重在个人

美国文化的价值观强调个人能力，就业好否，完全是个人生存能力的体现，不应把这类问题归责于政府，解决得好不好应由自己去承担责任。因此，美国社会整体心态平稳，公众将这类问题的责任往往分散在个体，而并不形成一个整体社会的压力问题。

三、美国大学生就业呈现的新特点

创新创业教育的开展是建立在创新创业指导基础上的。美国的大学毕业生就业形势存在如下特点：

（一）对毕业生的需求持续增加

2005年，美国大学生就业状况明显好转，社会对毕业生的需求持续逐步增加。企业和公司计划多招收13%的大学本科和研究生毕业生。

据美国有关媒体报道，工商管理、医疗保健、管理学、电子工程或机械工程等专业需求状况良好，其中会计专业最受欢迎，年均起薪在4.5万美元左右。2009年，美国劳工部公布了最受雇主欢迎的10种能力：解决问题的能力、专业能力、沟通能力、计算机编程能力、培训能力、科学与数学能力、理财能力、信息管理能力、外语交际能力和商业管理能力。

（二）大学生就业新特点

在校期间作好充分就业准备，为未来职业早做充分准备，已成为近年全美毕业生最鲜明的特征。全美高校和雇主协会的一项调查表明，20%以上的毕业生认为，缺乏相关

经验是找工作的最大障碍。

1. 高学历占有利地位

以高科技、知识密集型产业为主的服务业创造了大量的就业机会。但美国服务业领域也需要众多从事脑力劳动的电子数据处理、金融服务、法律咨询、医疗保健等专业技术人才，这对从业人员学历的要求提高了。总的来看，研究生的就业压力远小于本科生，失业率相对较低。受教育程度越高，在就业竞争中越有优势。追求稳定的"新实用主义"由于近年来美国经济一直摇摆不定，失业率居高不下，大学生找工作越来越难。于是，大学生择业出现了一个新现象——追求职业的稳定性。大学生择业的新特点是不拘泥于第一份工作，而是将眼光放长远，往往选择去知名度高的大公司以积累经验。最近，由大学和企业联合会所作的调查显示，工作稳定性已经成为学生选择雇主的第二重要原因。

2. 到国外留学和就业

由于世界经济一体化格局的形成，美国许多高技术产业向国外转移，许多学生感到在国内就业难度加大，需要到国外就业或留学。

3. 女生就业逐步突破传统行业

美国国家教育数据统计中心调查显示，2004年，20岁至25岁大学本科男生就业率为80%，女生就业率为77.7%，25岁以上本科男生就业率为80.6%，女生就业率为70.9%。美国女大学生协会调查显示，尽管女性受教育程度高于以往，而且可以进入较高的层次，但大部分女生就业仍局限在一些传统行业。据美联社报道，接受大学教育的很多美国女性从事教师和护理工作。

4. 就业服务形式多样、服务渠道多样

美国大学毕业生就业完全依照市场规律运行，已经形成了良性的运行机制。美国劳动就业服务机构很多，由劳工部、学校、中介机构和用人单位协同为毕业生服务。美国各高校创新创业指导机构对学生进行创新创业指导并提供就业信息，每年还要向雇主推荐学生就业，举办就业洽谈会。经学校推荐的毕业生就业成功率通常高于其他渠道。美国70%的毕业生是通过教授、导师、就业机构推荐就业的。

5. 通过创业教育提高就业能力

目前，美国的创业教育已纳入国民教育体系，贯穿了从初中、高中、大学本科直到研究生的正规教育。高校的创业活动已成为美国经济的直接驱动力，当代许多著名高科技公司几乎都是大学生创业者们的成果。

6. 通过大学排名激励大学提高就业率

每年，美国有关机构都要按国立和私立两种类型对美国大专院校进行评估，以此得出当年的大学排行榜。排行评比中的主要6种指标之一就是毕业生就业率，包括3个月后毕业生的一次就业率、雇主对毕业生的满意度、毕业生的工资收入等。《美国新闻与世界报道周刊》公布的大学排行榜，其评估指标包括总体质量评估、教学和科研评估以及毕业生的成功情况评估。

在此基础上，美国高校的创新创业教育的特色主要包括：第一，深厚的创业文化底蕴与完善的保障。随着全球经济一体化的发展，越来越多的精英涌入美国，整个社会都崇尚挑战、个人奋斗与竞争。美国政府高度重视国家创新创业教育，多次出台法律文件，完善各项制度，如金融支持制度、新公司注册制度、产权保护制度等。第二，先进的创新创业教育理念。美国的高校倡导"为了每一个学生自由发展"，这是其创新创业教育的承诺。最有代表性的是美国的百森商学院，以"造就最具有革命性的创业一代"为价值取向，着重培养学生的创业式思维方式、进取心、灵活性、创造力以及抽象思维。第三，全面的创新创业教育研究体系。美国创业教育协会提出，创业是一项终身的学习过程，创业教育是涵盖从初等教育到高等教育的全方位教育体系。美国各大高校推出了系统化的创新创业课程设计，如斯坦福大学的创业课程设计，不仅将创业理论与创业实践统一结合起来，还为学生的创业过程提供全程指导，探讨和解决创业过程中的各种问题。第四，先进的创新创业教育评估体系。美国拥有创新创业权威评估期刊，如《商业周刊》《企业周刊》等对高校创业课程设计、创新创业项目、教师影响力、学生创业成果等各项内容进行专业评估，为高校创新创业教育提供了一种评价机制。

（三）美国现行高校创业教育组织体系

1. 政府的作用

制定相关政策和措施，建立全国通行的创新创业指导和服务网络平台。在这个创新创业指导体系中，政府的职能是组织就业调查，制定相关政策和措施，建立全国通行的创新创业指导和服务的网络平台，为大学生和用人单位双方提供交流媒介。在美国，劳工部负责制定宏观政策和组织就业调查，是毕业生就业的"总管"。劳工部下设劳工统计局，其主要职责是在全美各地采集数据，发布未来10年的就业环境和各行业的需求，分析各行各业的需求形势，每两年微调一次。统计结果通过上网和发行出版物的形式向全社会公布，为政府决策和个人择业提供参考。劳工部统计局根据这些统计、预测数据编撰的《岗位需求手册》成为美国大学生人手一册的就业"圣经"。由美国政府投资，劳工部建立了面向公众的统一网站，为雇用双方提供了交流媒介，这也是美国大学生除学校以外获取信息的最重要途径。

2. 成熟的高校创新创业指导机构

（1）创新创业指导的机构设置

在政府系统，联邦一级有教育总署的指导与人事服务司主管，州一级有相应的州与地方学区的指导及人事服务处负责；在议会系统，设有国家情报协调委员会，各州相应设有职业情报协调委员会；在社会方面，设有全国性的职业指导组织，初为"全国职业指导协会"（建于 1913 年），后与其他几个协会合并为"美国人事与指导协会"（建于 1952 年），下设 6 个协会组织，社会上还有各种协调机构，如各地的职业教育顾问委员会，工业-教育-劳工机构（I.E.L）来共同承担毕业生职业指导工作；在高校内部，设有职业指导机构，各校叫法不一，有的称"大学生就业服务中心"，有的称"职业介绍与就业辅导中心"，还有"就业行动中心""合作教育与职业介绍服务部""安置办公室"，等等。

（2）创新创业指导的人员队伍建设

美国社会把高校毕业生的就业率和就业层次的高低作为一所大学是否成功的标志，因为这关系到学校的声誉、招生和经费的来源。因此，美国高校都非常重视毕业生创新创业指导工作，一般有一名副校长直接领导此项工作，创新创业指导机构配有充足的人员。如美国哥伦比亚大学有此类专职人员 20 名，另有 27 名临时工作人员。加州州立大学创新创业指导咨询服务中心编制 9 人，另聘学生 30 人，每个学生每周在此工作不少于 20 小时。马里兰大学就业发展中心有 23 名全职人员，另有 5 名退休人员留用，25~30 名学生在此打工，还有 9 名兼职人员帮助工作。

美国大学生创新创业指导人员队伍建设呈现下述几个特点：①美国高校创新创业指导人员呈现出职业化、专业化、高素质的特点。创新创业指导中心主任一般具有辅导学、咨询学、高等教育学硕士或博士学位；负责学生心理测试、能力评估、求职咨询等工作的就业顾问，一般也具有心理学硕士学位或博士学位；其他人员也需获得过学士学位。②所有的创新创业指导人员要有培训资格证书、并经过考试达标才能上岗。③创新创业指导人员有明确的岗位分工，设有中心主任、就业顾问、就业主管、对外联络员、秘书等。④创新创业指导队伍配备足量的专职和兼职人员，一般根据学生规模有 10 多人到 40 多人，就业专职人员与毕业生的比例多在 1:200 左右，这一比例使得每个毕业生都能得到一对一的创新创业指导。

（3）创新创业指导的设施投入

美国高校创新创业指导机构的规模都比较大，一般都有十几个到几十个专门办公室，有的甚至占有整栋大楼。创新创业指导中心特别重视就业资料的收集与整理，建有供学生查询资料的就业图书馆，收集来的图书资料分门别类放置有序，全部开架阅览。指导中心设备配备精良，电视机、复印机、投影仪、可视电话、传真机及先进的计算机一应俱全。学生在就业工作人员的指导下既能查询资料、咨询问题、编写自己的求职信，还能利用各种设备与用人单位联系。

（4）创新创业指导机构的职能

在美国，高等学校是大学生创新创业指导体系的核心。尽管高等学校不承担大学生就业的责任，但由于大学生的就业状况会直接影响高等学校的招生人数和质量，影响高等学校的社会声誉和地位，最终会影响高等学校的生存和发展，因此，各高等学校都非常重视大学生的创新创业指导工作，把创新创业指导置于学校日常工作的中心。为了增强毕业生的市场竞争能力，美国各高校加强了人才培养改革，强调通识教育和学科交叉，提高综合素质和适应能力，强化实践应用和研究能力，培养创新精神，并根据社会和市场需求的变化自主灵活地调整学科和专业设置以及学生所选课程，并通过自身所具有的较强的自我调控机制和能力，弱化了学校教育的滞后性，增强了毕业生对社会需求的适应性。同时，投入充足的人力、物力、财力，建立、健全就业服务机构，强化就业过程指导。

(5) 形式多样的创业就业指导课程

职业指导。这方面的指导包括职业的知识、性质、特点、发展前途、意义及经济收入、工作环境（社交、地理及劳动环境）、晋升机会、就业难易程度、对从业人员的要求等。同时，对学生进行职业兴趣测定与调查、个性心理品质与职业适应程度判定，等等，内容十分全面细致。

思想指导。这是对学生进行择业准则、职业道德和成才道路的教育。美国20世纪90年代以来，普遍加强了对研究生的职业道德教育。如美国律师协会和法院达成协议，规定法学院所有毕业生务必通过职业道德课程的考试，方能进入律师界工作。商学院也开设了职业道德课程，着重讲解企业和公司经理经常面临的职业道德问题。许多研究生院通过社会服务活动提高研究生的职业道德水准。譬如，哈佛大学50%以上的研究生到孤儿院义务担任教师，为中小学差生补课，访问老年之家或者为社区机构义务帮忙。

信息指导。就业信息是指通过各种媒介和其他途径传递有关就业方面的消息和情况，是择业的基础。美国非常重视就业信息的收集和整理，为毕业生提供就业信息服务。如美国在宏观上，由劳工部预测职业市场变化，出版《职业前景手册》，在客观上起着一种宏观信息导向作用；中观上，州政府部门、就业委员会也参与就业市场活动，既提供信息，也举办公立职业介绍所；微观上，各类学校的信息小环境更加活跃、灵便，这就使毕业生随时处于就业信息环境中，获取择业的信息比较充分。

技术指导。求职是一门艺术，有许多技术和技巧。求职技术指导是针对毕业生在面临就业选择时有惶恐感，在供需见面时比较拘谨，甚至手足无措、进行的一种技巧性指导。其内容包括应考面试面谈要领和技巧，求职函的撰写和回复，个人表格及有关资料的填写、整理与使用，仪容、礼貌、服饰应对，就业后的心理调适等。这方面的指导往往是以模拟供需双方的形式进行，并辅以电视录像片作为补充。

3. 中介机构在大学生就业中的作用

中介机构在学校、毕业生和用人单位之间发挥着桥梁和纽带作用，在这几者之间穿针引线，充当"红娘"。美国有为数众多的职业中介机构，其中有一些非盈利性机构，在学生就业中发挥了重要作用。如全美高校和雇主协会，目前已有1800多家高校和1900多家用人单位成为其会员，每年为一百多万大学生提供就业服务。

4. 用人单位积极的用人机制

强化协调用人机制，积极为毕业生提供实习机会，使社会的人才资源配置更加快速，毕业生择业效率更高。同时，美国的用人单位非常重视学生的实践经验。为了帮助学生积累相关经验，大多数单位愿意提供带薪实习机会，有些单位还提供与新聘雇员相近的工资。

第三节 美国高校创新创业教育的组织变革和创新

美国高校创新创业教育经历了漫长的发展阶段，创新创业教育也从商学院的一门边缘课程发展成为涵盖高等教育各个领域的一场革命。历经几十年的发展，美国高校创新创业教育表现出高度的开放性与竞合性，随着创新创业理念的深化，美国高校与产业部门、政府机构、社区、基金会等各类社会组织之间在创新创业教育方面展开充分合作，挖掘、整合和利用社会资源参与高校创新创业教育。可以说，美国高校创新创业教育组织在不断变革、创新和发展，在利益相关者参与机制方面具备与时俱进的理念。

一、美国政府在高校创新创业教育中的角色

在美国，政府起初并不干预高校创新创业教育（包括创新、创业和就业三个部分），基本上放任不管，充分赋权于高校。但随着就业形势的逐渐严峻，美国政府开始改变态度，充分利用政府资源和政府优势对高校创新创业和就业教育进行积极干预。美国政府在大学生创新创业教育中的角色主要表现在两方面：一是及时准确地发布岗位信息，预测创新创业环境变化与创

业就业趋势等，为大学生创业就业提供信息指导和帮助；二是制定促进大学生创新创业的相关政策。

二、美国高校大学生创新创业的系统性

第一，从高校大学生创新创业指导工作与学校的教学过程相结合看，美国非常重视社会职业教育，并把职业、职业理想教育与创新创业指导结合，并贯穿于整个大学教育过程。美国高校大学生创新创业指导工作，是中小学职业教育与指导工作的衔接和继续，并不单纯为应届毕业生服务，而是为所有在校生和已毕业的校友服务。这是与我国高校毕业生创新创业指导工作在服务对象上的最大区别。从入学起，美国高校大学生就接受学校为他们提供的前期职业指导服务，在选择专业和课程方面得到帮助；进入高年级或毕业学年，学生又可获得学校为他们提供的就业信息服务和就业技巧训练帮助；毕业后，毕业生仍可回到母校接受各种创新创业指导和培训教育，获得延续不断的服务。

第二，从美国高校大学生创新创业指导工作与市场需求和职业界的要求相结合看，我们应加强学生实践能力的锻炼，加强与社会及用人单位的合作，提高毕业生的社会适应能力和就业竞争力。

美国高校通过董事会制度、对高校总体评价情况排名公布、产学合作教育等方式，加强与职业界的联系，加强同社会的结合，以了解就业市场需求，主动适应经济发展，满足大学生就业和劳动市场的要求。美国高校重视合作教育，通过实习计划，使学生自身工作能力和专业技能得到提高，从而增强毕业生在就业市场的竞争力；通过与用人单位的合作，可获得办学信息，提高办学和人才培养的针对性，从而加强了学校的教育功能和生存基础。

第三，从美国高校大学生创新创业指导工作与学生的个性特征及职业发展愿望相结合看，我们应注重学生个性发展，大力培养学生创新意识和创业精神，鼓励毕业生自主创业。

三、用人单位的社会责任

用人单位在大学生就业中扮演十分重要的角色。用人单位注重强化其协调高效的用人机制，使社会的人才资源配置更加快速协调，使毕业生择业效率更高。同时，美国的用人单位非常重视学生的实践经验，并积极为其创造条件，提供具体支持。例如，为帮

助学生积累实践经验，大多数单位提供带薪实习机会，有些单位提供与新聘雇员相近的工资，其中有实践经验的学生录用率高。

第四节 美国大学生创新创业就业指导的经验对我国的启示

美国政府在美国大学生创新创业指导体系中起到关键性作用，尤其是其健全的就业相关政策及前瞻性的就业环境预测，对我国高校的专业结构调整、学生的择业导向具有积极的参考作用。

一、政府层面

政府加强宏观调控，完善就业市场，建立信息网络，提供创新创业指导，继续深化改善就业环境。毕业生的就业工作涉及政府、社会、学校和学生个人等各个方面。

（一）完善就业市场提供优质服务

目前，我国的毕业生就业市场受到人事、劳动、社会保障等一系列制度改革进程的影响，发育还不够完善，势必对就业工作带来消极影响。因此必须大力加强就业市场建设，规范市场行为，提高运行效率，完善市场体系，为毕业生和用人单位提供高效优质的服务。

（二）加强市场建设优化人才配置

就业市场已成为毕业生就业基础性的配置方式。大学生就业市场的组织主体可以是政府人事部门、教育部门或劳动部门，也可以是高校。毕业生就业一般都在半年到两年的时间内完成。毕业生就业市场的主办者大多是为本地区的高校毕业生提供服务的。高校或校际间的招聘会使用人单位和毕业生在一个相对固定的时间和场所集中招聘和应聘，从人数到时间都显得非常集中。这就是毕业生就业市场与一般的人才市场的不同之处。一方面，要尽快制定行业分类标准，对于真正吸纳就业但利润水平较低的行业部门，要利用再就业资金给予一定的补贴，以促进灵活就业。另一方面，要在鼓励创造就业岗位的同时，政策重点应促进灵活就业的稳定性，实现劳动力市场政策的转型，帮助就业困难群体实现长期、稳定的就业，避免就业的短期性和不稳定性，提高就业质量。

（三）健全有关制度约束市场行为

规范市场行为就是完善毕业生就业市场管理制度，规范市场供需主体的交易行为，就业市场的运行要坚持公开、平等、竞争、择优的原则，实行供需见面、双向选择，人才自主择业，单位自主择人。公开原则就是就业过程中所有环节必须对毕业生和用人单位公开，其中包括信息公开、政策公开、程序公开、结果公开等。进入毕业生就业市场招聘毕业生的用人单位，必须按要求提供证件和证明，用人单位不得以任何名义向毕业生收取费用，用人单位录用毕业生后，应当按照规定与毕业生签订就业协议书或劳动合同，并为其办理养老、失业、医疗等社会保险。

二、高校层面

美国高校主要负责深化教学改革，推进素质教育，完善创新创业导向。美国高校对大学生创新创业指导的重视程度非常之高，从大学生就业服务机构的硬件投入、创新创业指导师资队伍的建设、创新创业指导内容的多样性，都充分体现了高校在大学生创新创业指导体系中的重要作用，尤其是创新创业指导工作的全程化和个性化辅导，使创新创业指导工作贯穿整个学生的求学生涯中，为大学毕业生能够确定就业方向，找到理想的职业奠定了坚实的基础。而我国大学生就业难的现象，其中一个很重要的原因就是由于高等教育发展的滞后，培养出来的毕业生难以适应市场的需要。因此高校必须更新观念，加大就业投入，改革人才培养模式，推进素质教育，深化教学改革，做到人才的培养适应市场的需要。

三、大学毕业生层面

现代大学生要积极转变就业观念，提高自身素质，实现职业理想。随着就业制度与就业环境的变化，在就业市场的激烈竞争条件下，大学生必须转变观念，树立与时代发展相适应的就业理念。要转变一次性就业观念，树立多次选择的思想转变在城市就业观念，树立在城市、农村均可就业的思想；转变在事业单位就业观念，树立在事业、企业单位均可就业的思想；转变毕业即就业的观念，树立创业思想。要认清形势，从实际出发，调整好自己的心态，合理定位。

第五节 日本大学生创新创业指导的经验

泡沫经济以前，日本的高就业率及低失业率久负盛名，尤其是大学生基本上都能在毕业以后顺利就职，就职后工作长期稳定，使得许多国家纷纷研究日本的就业模式或状况。

一、泡沫经济后日本大学生就业的新状况

（一）就业环境的变化

随着泡沫经济带来的社会经济的崩溃，越来越多的公司、企业不再奉信终身雇佣制和年功序列制。为了增强企业的竞争力、降低工资成本、减少由于终身制员工太多而带来的经营风险，企业大量缩减终身制员工岗位，改聘临时雇员或契约式员工等非正式员工。根据《劳动经济年度报告》(Annual Report on the Labour Economy)显示，1995年15-24岁的非正式员工占9.2%，到2000年，上升至19.3%，到了2005年，进一步增长到28.5%。该数据在25-34岁的日本人群中分别是2.9%（1995年）、5.6%（2000年）及13.2%（2005年）。这样，公司在经历困境时可以轻松地裁掉临时雇员或契约式员工，在需要发展时又可以灵活地雇佣非正式员工来满足企业成长的需要。

企业的这种自我保护行为直接导致日本大学生就业问题的出现。由于正式岗位的减少，大学生就业率也随之下降，到20世纪末已降到70%以下。琉球大学创新创业指导中心的资料显示，琉球大学近几年的就业率一直维持在70%左右。相应地，没有得到内定的大学生只能选择临时雇员（Arubaito）、飞特族（Freeter）或者加入到公务员考试的大军中。前面提到过日本企业有从学校毕业生中招募正式员工的惯例，这个日本的特殊社会现象又直接导致在大学毕业前还没有得到内定的大学生以后要找到正式的工作的可能性很小。笔者有幸结识几位汉语说得很好的日本人，他们现在只是所在公司的合同员工，并且有十多年的工作经历。通过访谈了解到即使他们很努力地工作并且有一技之长，要想转换成公司的正式员工几乎很难实现。而正式员工与非正式员工的待遇是有差别的，不仅正式员工的工作岗位更有保障，其工资待遇也比非正式员工的要高。因此，大学生就业率的走低正给日本就业市场带来一系列新的社会问题，即收入的不平等问题、劳动保障问题等。

（二）日本青年观念的转变

泡沫经济前，与其他发达国家劳动力市场上的高流动性不同，日本在传统上是强调雇佣关系的长期性和稳定性的。但20世纪90年代以来，不仅企业开始改变对这种长期稳定雇佣关系的钟爱，当代青年人也开始慢慢改变对公司忠诚的态度。在与琉球大学就职中心的内海惠美子准教授的访谈，内海教授向笔者介绍了近些年日本出现的"七、五、三现象"，即在三年内，约有70%的初中毕业生就职后会离开原公司，约50%的高中毕业生找到工作后也会选择离职，而大学毕业生的离职比率是30%。除了对企业忠诚度的下降，现代日本青年的择业标准也发生了很大的变化。东京的一家咨询公司于2002年对次年3月将毕业的大学生和研究生做了关于想找什么样的工作的调查，结果，46%的受访者回答说，他们首先考虑自己是否有兴趣，23%的人说"看工作内容是否真有价值"，16%的人回答说看是否能拓展自己的能力。而在十年前的同题调查中，59%的人将"薪水"列为选择工作的"第一要素"，39%的人将就职视作"为社会尽自己的一份义务"。显然，年轻人选择工作的标准已经发生了很大变化。新一代的日本青年人比起泡沫经济前的日本青年人更追求个人多样化、自由化的生活。他们不再像过去那样，把"考进名校，进大企业"作为确认自己一生的身份和地位的职业规划方式，而是积极寻求个人能力的实现，个人生涯的发展，过自由、有创意的多元化的生活。

（三）日本大学生创新创业指导模式面临的变化

20世纪90年代以前日本大学毕业生供不应求的黄金时期已经一去不复返，如今，面临高校大学毕业生就业难的状况，以"三大神器"为依托的传统的就业体系失灵，从政府到高校及社会各界开始积极寻找出路，希望改善这个状况。在日本整体就业市场的变革下，日本大学生就业环境也正在发生变化。

首先，政府从法律上对就业市场进行规范。如厚生劳动省对"终身雇佣制"进行了法律上的说明，指出，法律上并没有"终身雇佣制"这个概念，劳动基本法第14条有"不定期雇佣"的概念，也可称之为"无期雇佣"。劳动基本法第20条还指出，即使存在"终身雇佣"有合理的理由或是常识性的理由，在一定的预订期间是可以解雇社员的。这一规定是为了帮助企业在竞争激烈的经济环境下减轻包袱，给会社解套，但同时也给大学生就业市场带来了更多不稳定的因素。

其次，各个高校，尤其是国立和公立的大学开始意识到大学毕业生就业难的问题，纷纷建立职业生涯就职中心或就职中心为大学毕业生提供更全面的创新创业指导。前面提到的名古屋大学在 2001 年 4 月组建就业咨询部门，琉球大学的就职中心也是于 2002 年 7 月建立的。

再次，社会各界也积极参与支持大学生就业的顺利实现。如 2004 年，社会发起了帮助日本青年自立及挑战的计划，计划包括三个方面：工作吧（Job Cafe），日本双重制度（Japanese Dual System）及青年自立私塾（若者自立塾 Wakamono.Jiritsu Juku）。①工作吧（Job Cafe）是一站式服务中心，在日本有 43 家分支机构，它为日本青年人提供的就业方面服务，可以帮助他们获得某项工作所需技能及促进求职者就职。②日本双重制度（Japanese Dual System）是引自德国的一个教育培训项目，它帮助青年人在工作中学到知识，即在学校学到技术知识的同时也在公司进行 OJT 培训。所谓 OJT，就是 On the Job Training 的缩写，意思是在工作现场内，上司和技能娴熟的老员工对下属、普通员工和新员工们通过日常的工作，对必要的知识、技能、工作方法等进行教育的一种培训方法。2004 年，约有 3 万人参加此项目，约有一半的人通过此项目获得稳定工作。③青年自立私塾（若者自立塾 Wakamono Jiritsu Juku）是一种三个月的宿营培训，参与者在这里可以经历生活及工作的各个方面。日本目前有 20 个这样的场所，一次参与人数约 20 人。但是因为费用很高（30 万日元 / 人），参与者并不多。由此可见，社会各界也在积极应对大学生就业困难的问题，但是尽管有很多这样的机构，由于其作用的有限性及费用的昂贵，并不能大范围地帮助日本大学生顺利就业。

二、社会经济新形势下日本采取的新措施

据日本文部科学省统计，2015 年大学生就业率为 56.9%，比十年前下降了 25%。面对这种困境，日本政府、高校及社会采取了一些积极主动的措施，对提高大学生就业起到了一定的作用。

（一）政府的就业促进政策

1. 文部科学省重视学生职业发展，对教育提出新要求

日本文部科学省于 2000 年提出了"大学学生生活的充实方针和政策。该政策明确要求高校建立创新创业指导体制，对学生进行一对一的创新创业指导，注重对学生社会适应能力的培养。操作层面，一是联合厚生劳动省对大学及其他学校学生的就业状况进行数据收集，如学生的性别、专业、进学率、就职率、进入产业情况等，同时根据日本产业结构状况、人口结构状况、工资变化状况等相关数据，对就业市场的供求情况进行

分析预测并公布相关数据；二是通过恳谈会和"全国创新创业指导说明会"等方式，发动企业对大学生就业活动予以理解和支持。

2.厚生劳动省对大学生就业促进的办法

厚生劳动省的就业支持活动主要由厚生劳动省职业安定局负责，职业安定局除了建立 HelloWork 网站直接面对大学生及其他求职者的顺利就业外，还采取了以下办法促进大学生就业。

首先，对于应届大学毕业生所面临的严峻就业环境，厚生劳动省于 1999 年 12 月成立学生职业综合支援中心。它收集全国大学毕业生的求职信息和各地开办的就业见面会的各种招聘信息，将信息网络与各地区经济共同体设置的学生职业中心及其他的县级机构设置的学生职业咨询室连接起来，为设施利用者提供帮助。可见，在厚生劳动省的促进下，大学生创新创业指导工作在全国范围内形成较完善的创新创业指导网络，为即将毕业的大学生提供丰富的招聘信息，促进大学生顺利就业。

其次，于 2001 年 12 月开始实施"年轻者试雇佣事业"，对未就职毕业生提供就业援助。该事业主要是向为未就职毕业者提供短期试雇佣的企业支付一定的奖励金，并向试雇佣期间提供教育训练的企业提供一定的所需费用，以期缩短用人单位的要求和年轻失业者能力之间的差距，使年轻失业者向以后的正式雇佣顺利过渡。通过直接向支持试雇佣事业的企业发放补助金的方式，在一定程度上调动了企业的积极性，也为未就职者提供了就业的机会。

再次，促进就业体验制度的形成。1997 年 9 月，日本文部省、通商产业省与厚声劳动省联合发表《关于推进体验式就业的基本思考》，明确了在产学合作的基础上把对学生的就业意识培养作为大学教育的一部分，成为高等院校切实开展体验式的重要依据。在厚生劳动省、文部科学省与通商产业省的共同努力下，就业体验制度进一步扩大。

（二）高校的就业服务

为应对日趋严峻的大学生就业形势，日本高校普遍意识到主动帮助大学生顺利就业的重要性，开始设立大学生就职中心、完善大学生创新创业指导内容，提高创新创业指导人员业务水平，逐渐在促进大学生就业活动中发挥核心作用。

1.创新创业指导机构的设立

泡沫经济后，随着就业率的不断下降，日本大学普遍意识到设立学校内部创新创业指导机构的重要性。而据日本劳动研究机构 1991 年的调查结果，国立和公立大学独立设置创新创业指导部门的大学比率仅为10%。可见，日本大学是在大学生就业问题不断凸显的情况下，才逐渐建立起来的。

琉球大学的就职中心是由其他部门兼管学生就业工作的，就职课与就职中心属于两个部门但是同时负责大学生的就业工作，其工作侧重点不一样。就职课隶属于学生部，主要负责毕业生就职方面的行政事务管理工作，就职课下设有课长、代理和系长三个职务；就职中心则是职能部门，直接负责学生就业问题的指导，如在相谈室与学生面谈，进行有针对性的个别指导，负责创新创业指导课的教学任务等。就职中心除了有部门长外，还成立了运营委员，这些委员来自各个学部，他们定期与就职中心开会交流，负责了解并指导本学部大学生就业的有关事宜。

2. 创新创业指导机构的工作内容

日本大学的创新创业指导工作分为三个部分：一是开设创新创业指导方面的课程，如琉球大学针对一年级和二年级的学生开设各种创新创业指导课，如《年轻人的雇佣环境》《职业生涯形成入门》《地域企业解决问题程序》《县内企业研究》及《县外企业入门》等；二是积极与外界建立良好关系，向用人单位推荐自己学校优秀的学生，邀请用人单位到学校向学生介绍工作情况，组织企业说明会等。三是对请求帮助的大学生给予个别指导，如进行性格个性测试、能力测试、职业倾向分析等，还进行面试技巧、简历书写、登录表填写等方面的指导等。

（三）社会的就职服务

为了实现大学生顺利就业，缓解日本国内就业压力，社会各界也积极采取各种措施促进大学生就业。首先，因特网就业服务中介机构成为当前日本大学生寻找工作机会的主要途径之一。通过琉球大学的问卷调查，关于通过什么方式找工作的问题（多选），选因特网的占首位，高达89.7%。除了前面提到的厚生劳动省官方HelloWork网站，还有社会法人建立的各种网站等，这些网站都有专门的板块为即将毕业的大学生提供丰富的就职信息，还免费为大学生进行职业适应性诊断测试、职业面试技巧指导等。大学毕业生不仅可以轻松地检索到招聘信息，还可以参加这些网站举办的企业说明会，直接与自己感兴趣的用人单位交流。另外，日本也有一些信息情报公司或团体，他们征集各企业形象广告、企业最新招聘应届毕业生信息，企业说明会的通知等广告业务，将这些信息印制、装订成册，免费邮寄全国各大学毕业生就业中心；或根据索取资料明信片，直接寄给毕业生本人。这种较传统的方式现在仍然发挥着重要作用，起到促进毕业生与用人单位的沟通作用。

（四）用人单位的配合

目前日本的用人单位与高校之间普遍建立起了基于信息沟通的合作机制，使得高校能够根据用人单位的及时反馈对具体的课程设置、培养目标等进行修正。这种沟通与交流可以有效地帮助大学进行教育课程与内容的改革，也为大学生创新创业指导工作提供了有益的参考。

另外，用人单位还积极支持高校的就业体验制度。作为教学单位，高校本身没有为学生提供就业体验环境，因此高校通常通过与用人单位的合作来为学生提供就业体验机会。在日本，很多用人单位都愿意支持与参与大学的就业体验制度，为大学生提供实践体验的机会，为大学的创新创业指导工作提供了有力的支持，同时也为大学生职业观的形成和就业经验的积累提供了直接的帮助。

从以上对日本大学生创新创业指导体系的历史的演变，可以看出，面对新的社会经济形势，日本整个社会对待大学生就业难的问题给予了积极的应对，采取了一些较有成效的措施和办法。但是难以上扬的大学生就业率表明，大学生创新创业指导体系也存在不足和有待改进的地方。首先，不少高校，尤其是国立及公立大学对创新创业指导工作还不够重视。高校就职部门负责的还只是某个部门下的一部分业务，这导致创新创业指导部门的经费不足，人员缺乏，业务开展受到限制。私立大学在创新创业指导工作的开展上会比国立及公立大学更灵活，更有力度。

其次，大学就职中心的专职创新创业指导人员明显不足。据统计，大学中设有专门的创新创业指导人员的平均人数为 4.9 人，国立和公立大学一般为 2.3 人，私立大学平均为 5.4 人。琉球大学专职创新创业指导人员只有 3 人，他们负责全校 7190 本科生的创新创业指导，其中三年级学生有 1698 人，四年级学生有 1874 人。指导中心的老师表示，明显感到人手不够，还有很多学生中心没有办法给予辅导及帮助。

最后，高校就职中心的利用率较低且效果有限。如前所述，机构设置不完善，指导人员不足，只有小部分大学生能够通过这个渠道寻求创新创业指导，这些导致高校就职中心的利用率不高，因而不能最大限度地发挥其就业促进作用。通过对琉球大学大学生发放的问卷，我们可以初步推断出大学生就职中心对学生到底有多大帮助。在"你知道贵校有就职中心这个机构吗？"这个问题上，虽然知道的占调查对象的 97.6%，但其中选择"D. 听说过，但是从来没有去过"的占比最多（39.0%）；选择"C. 知道，我还选修了该中心老师的指导课程，但我并不怎么去该中心"的占 29.3%；再次为选"B. 知道，去过几次，但是觉得帮助不大"的占 17.1%。选"A. 知道，且常常去就职中心获得最新就职信息及得到工作人员的指导"只占 12.2%。在去过就职中心寻求帮助的被调查对象中，对就职中心有没有帮助的问题的回答结果是：没有人选择 A"很有帮助，我就是通过校就职中心找到工作的"，即 0%；选择有帮助的占 7.3%；"有些帮助，校就职中心给我提供了就业信息"的占 14.6%；"有些帮助，校就职中心对我进行了一些找工作技巧的培训"的占 2.4%；只有一点儿帮助的占 24.4%，对我没有任何帮助的占 19.5%。由此可见，校就职中心在帮助大学毕业生就业问题上力度不够。当然，以上数据只是就琉球大学做的小范围调查，其数据不一定能够概括日本的整体情况，但还是具有一定代表性的。日本劳动政策研究和培训机构（Japan Institute for Labour Policy and Training, JILPT）2007 年发表的第 78 号研究报告《大学生及其就业——从支持就职转换及人力资源发展的角度来探究》，通过向全国发放 49000 份问卷（有效回复率为 33.6%）得出的结果是：高校中很多学生并没有利用大学的就业支持资源，学校有必要让更多的人意识到校园生活与其未来职业生涯的关系。可见，这并不只是一两个大学的问题，而是普遍存在的现象。

根据以上分析，我们认为，日本大学生创新创业指导模式在 20 世纪 90 年代以后发生了很大的变化。从以前的建立在"三大神器"框架下的，以政府为主导，高校、企业、社会团体积极配合的大学生职业指导模式，转变为现在的政府、高校、社会团体三维一体的，企业积极配合的，以建立信息沟通网络为基础的大学生创新创业指导模式。这表明，高校及社会团体从以前的响应和配合政府关于大学生职业发展的相关政策方针，发展成为自发地、积极主动地寻找出路，主动承担帮助大学生顺利就业的职责。当然，在探索的道路上难免有些不足和有待改进的地方，这需要社会各界共同努力、积极应对，实现大学生就业问题的解决。

四、中日大学生创新创业指导模式异同分析

（一）中日大学生创新创业指导模式的差异

中国和日本由于文化方面的差异，接受西方思想时间上的差异，以及经济发展状况的差异，在大学生创新创业指导方面也不可避免地存在一些差异，具体分析如下：

1. 创新创业指导理念的差异

日本大学在教育过程中，尤其是创新创业指导中心开设的创新创业指导课，注重培养大学生的生存发展和自我实现能力，即在创新创业指导理念上，更注重以人的全面发

展为前提进行创新创业指导。

职业指导理论也于差不多同样的时期引入中国,1916年,清华学校校长周治春发起了职业演讲活动,聘请有关专家在校园开设职业方面的讲座,启发了人们对职业指导活动的认识。当时职业指导的宗旨是:使无业者有业,有业者乐业;求人者得人,求事者得事。工作的主要目的是让学生了解职业,进行职业选择,并调查学生的职业需求,向毕业生发布职业需求信息等。受这种传统观念的影响,我国很多高校创新创业指导机构将创新创业指导的目的简单地理解为帮助学生找到工作,而忽视从人的全面发展出发培养大学生综合发展能力。

2. 就业服务内容的差异

在就业服务方面,日本高校创新创业指导机构注重服务内容的丰富性和广泛性。体现在:①关注就业市场及职业供求情况的最新动态。日本高校就职中心注意关注就业市场动态、了解职业供求情况,重视在了解宏观就业形势的情况下,对大学生进行科学指导。②重视职业信息的收集、分类与传播。收集丰富的职业需求信息,对其进行整理,分类及储存,并通过职业目录、粘贴海报等途径进行传播。③注重对学生就业进行全面辅导。通过授课的方式及一对一面谈的方式,对学生进行生涯教育、职业引导、面试技巧等方面的指导。④注意丰富就业推荐形式。日本高校就职中心会通过开展企业说明会、校园招聘会、就业体验制度、推荐优秀学生等形式帮助学生顺利就职。

而我国大学生创新创业指导服务的内容较为单一,多为事务性、程序性的工作,主要是开展政策宣传和程序指导,发布需求及生源信息,择业技巧点拨等,而且还停留在毕业期间进行,实用性、功利性较强,缺少促进就业的长期发展规划和完善的保障体系,具有季节化的特点。很多高校创新创业指导机构不直接面向学生,而是通过院系层层下达,缺乏专职创新创业指导人员对学生进行个性辅导。就业推荐形式单一,一般以校园招聘会和老师推荐为主。

3. 创新创业指导人员的差异

日本对创新创业指导人员的从业资格要求相对较高,他们一般具有人力资源管理学、咨询学、教育学、心理学等相关学科的硕士或博士学位。在对学生的指导过程中,十分注意科学测量工具的运用及对学生进行针对性的全面辅导。我国高校创新创业指导人员有些是由过去计划经济体制下从事毕业生分配工作的人员兼职,对新的就业形势认识不够。其工作大多具有职务化特点,对学生的指导工作停留于政策宣传、就业信息传播等,很多高校没有能力开展对学生的个性辅导,不能真正做到从统筹社会需求与学生发展的角度帮助学生完善自我、发展自我,满足不了当代全方位对大学生进行生涯辅导及职业指导的要求。

4. 创新创业指导网络的差异

日本从政府、学校、用人单位到整个社会都建立了一套较全面的促进大学生就业的运行机制，形成了一个较完善的创新创业指导网络。网络各个部门各司其职，协调运作。日本大学生创新创业指导网络主要由政府、社会及高校三个层面构成。政府层面，由厚生劳动省分管日本高校毕业生的就业问题，厚生劳动省设有学生职业综合支援中心，各县也设有学生职业中心，他们直接面向毕业生提供创新创业指导服务，发布就业信息及帮助大学生就业。除此之外，还对毕业一年后未就的学生提供就业技能培训，或组织学生到企业中实习，帮助他们实现就业。社会层面，社会的职业咨询服务也比较发达，一些民间创新创业指导机构已形成网络，分支机构遍布全国各地，它们提供丰富的就业信息，也为大学生进行较全面的个性化服务，促进大学生获得理想工作。高校层面，校就职中心一方面注意加强与用人单位的联系，建立稳固的关系网络，加强与社会团体的合作，了解社会就业动向，理解用人单位需求；另一方面，对学生进行正确的职业生涯教育与辅导，帮助学生进行自我认识、自我设计和自我实现等，推荐学生到关系良好的用人单位就职。

而我国大学生就业服务机构基本上是以学校及社会赢利性职业中介机构为主体，政府部门的创新创业指导服务中心一般不面向学生个体。社会上的人才中介机构与高校创新创业指导机构不存在交流与联系，没有办法发挥二者各自优势，达到资源互补。中国高校与用人单位的确存在某种联系，但是这种联系较为松散和片面，不能形成有效的信息沟通网络。学校通常只会在大学生毕业期间联系用人单位，组织校园招聘会等。其他时期，与用人单位联系不多，关于社会对人才需求的发展动态了解不够，不利于学科建设及对学生的职业生涯培养。

5. 高校内部运作的差异

日本高校的组织结构与中国高校的组织结构是有差异的，日本高校的就职中心是直接面对学生的，不像中国高校创新创业指导工作面对的是院系，然后通过辅导员层层下达关于学生的创新创业指导工作。中日这两种不同的运作机制各有利弊，日本高校就职中心直接面向学生，可以达到针对性的辅导，帮助学生认识自己、了解社会及工作，并制定合理规划。但是通过对日本大学生的访谈，了解到这种机制也有局限性，即由于对于学生工作的管理，不像在中国高校那样都是层层下达的，一般都是各个部门自己将工作信息在各个学部的大厅粘贴海报、发放通知的方式，供学生自己查阅。日本高校就职中心也是将就业信息粘贴到各个学部大厅宣传栏处，供学生自己去查阅。大部分在校学生知道学校就职中心可以提供创新创业指导与就业机会，但是很多学生不会主动利用学校这个资源。对琉球大学学生的问卷调查显示，知道校就职中心的占调查对象的97.6%，但选"A.知道，且常常去就职中心获得最新就职信息及得到工作人员的指导"的只占12.2%。可见，这种运行机制不适合一些不主动寻求帮助的学生。

而中国高校这种层层下达的机制能够很好地、及时地传达学校创新创业指导工作，将就业信息直接通知到每一个学生，辅导员常常也会组织学生一起参加一些社会实践活动或就业面试活动，提高学生的社会适应能力或提供就业机会。因此这种信息沟通制度能够达到比较直接的效果。但是由于中国很多高校的创新创业指导工作还没有开始直接面对大学生个体，很难对学生的就业进行全方位辅导，即不能对学生个体进行性格测试、职业生涯辅导等，以帮助学生了解自我、发现自我、实现自我，为顺利就业的做充分准备。

（二）中日大学生创新创业指导模式的共性

1. 高校内部指导模式的相似性

从高校内部的创新创业指导模式来看，中日高校都经历过或存在着类似的创新创业指导模式。即以管理为导向的创新创业指导模式、以指导为导向的创新创业指导模式及以服务为导向的创新创业指导模式。这三种指导模式都经历过或者正存在着。日本泡沫经济以前，日本国立和公立大学的创新创业指导模式类似我国现存的管理为导向的创新创业指导模式，即大学对学生的就业主要以行政管理为主，帮助毕业生准备就业材料、管理毕业档案及宣传就业信息等。泡沫经济以后，国立和公立大学逐渐发展为指导为导向的创新创业指导模式，他们建立就职中心，搜集用人单位信息并进行分类存档，开设创新创业指导课、建立个别辅导工作室等，为大学生求职提供全面指导。私立大学则是较完善的服务为导向的创新创业指导模式。除了以上提到的对大学生进行全方位指导，私立大学的创新创业指导模式更具有开放性，他们积极与社会用人单位建立良好关系，对学生的职业生涯规划从一年级就开始进行启发教育，有阶段性地根据学生的个性特征进行未来职业生涯的培养，帮助学生参与社会实践及推荐优秀学生。

中国现阶段，由于各个学校的知名度不同，专业设置不同，大学生就业面临的问题的程度也不同，因此中国同时存在这三种大学生创新创业指导模式。显然，随着中国就业形势的日趋严重，即使是北大、清华的毕业生，也有面临就业难问题的学生。另外，社会越来越达成共识，认为高校不应该只是传授知识与文化的殿堂，而更应该从注重与现实社会相结合，培养对社会有用的人才。因此以管理为导向的创新创业指导模式已经不适应当前的就业形势了，这些高校应加快创新创业指导部门建设，将生涯教育与就业指导融入大学生教育的全过程。中国高校以指导为导向的创新创业指导模式在一定程度上为大学生就业提供了有效的支持，但力度和广度都不够。以服务为导向的创新创业指导模式，从真正意义上说，还没有完全在中国高校中建立起来，很多方面有待完善，如创新创业指导人员业务素质有待提高，创新创业指导队伍有待壮大，生涯教育与辅导有待深化等。

2. 高校内部指导范围的不全面性

从指导的广度来看，中日高校都存在创新创业指导范围的不全面性问题，即都存在着覆盖面不广的问题。中日大学只有一部分大学生会充分利用学校的创新创业指导机构。这个问题一方面由于学校的财力、人力有限，难以应对全校学生；另一方面，由于学生性格个性的差异或其他方面原因，有些同学不会主动利用学校的创新创业指导机构寻求创新创业指导及工作机会。

日本大学虽然开设创新创业指导课，并计入学分，但是由于这些课程并非是必修课，学生通常会根据自己的兴趣决定是否选修创新创业指导方面的课程。然而一些学生对自己未来职业生涯早期规划的重要性认识不够，可能导致不会选修这方面的课程。在对琉球大学学生的问卷调查中，只有 29.3% 的学生选择"选修了创新创业指导课"，可见，还有约 2/3 的学生并没有接受或暂时没有接受创新创业指导方面的教育。当然，这只从一定程度上代表一个大学的情况，其他大学学生对于创新创业指导课程的重视程度可能或高或低。另外，通过对琉球大学就职中心的访谈了解到，由于人手不够，该中心对大学生的个别指导的接待也是有限的。因此只有经常去就职中心的学生才有机会获得全方位的服务，得到个别指导及就业信息资源。

中国高校也存在创新创业指导广度不够的问题，但是由于运作方式的不一样，情况会有些区别。关于创新创业指导课、就业专题讲座、招聘会、招聘信息等，由于中国特有的信息层层下达的方式和学校的硬性规定，绝大部分学生都能够得到相关信息以及被要求去参加讲座、选修课程。但是由于很多高校的创新创业指导只注重表面工作，没有将生涯教育与辅导和学生个体辅导相结合，因此表面上学生都认识到就业问题的紧迫性，实质上由于学生没有得到针对性的个性指导，对自我的认识不够，从而没有办法科学有效地制定自己的生涯规划。因此可以说，中国很多高校的创新创业指导还没有真正在学生之间展开，即使已开展个性指导的高校，其指导范围也只涉及一部分学生。

3. 大学生创新创业指导效果的不充分性

从指导的效果来看，都存在就业不充分的问题。经济方面原因是中日创新创业指导面临的共同困境，需要社会乃至世界的共同努力；文化的变更，尤其是青年文化的变更也是就业不充分的因素之一。微观上看，日本有些高校，尤其是国立及公立创新创业指导力度不够也是一方面原因。据日本劳动政策研究和培训机构第 78 号报告发现，即使排名在中等以下的大学，如果他们给予学生充分的就业支持，其毕业生获得正式员工身份的预录用率（即内定率）也会提高。然而如果对大学生创新创业指导的重视不够或者说是力度不够，即使排名靠前，其大学生就业的效果也不一定比排名靠后的学校好。由此可见，充分的创新创业指导对提高就业是有很大帮助的。

中国方面，创新创业指导的力度和深度都不够。这方面，上面谈论差异问题的时候已经涉及到，即指导限于表面，目的只在于让学生就业，而不注重学生的全面发展，忽视帮助学生制定适合个人发展的职业生涯规划的重要性。因此很多学生找工作都具有盲目性，对自己评价或者过高或者过低，在找工作过程中，对自己不了解，对工作不了解，没有明确目标。对自己评价过高的学生，最后高不成低不就，可能一直处于待业状态。对自己评价过低的学生，找到工作后，又会出现对工作不满意的情况，他们中间一些人会选择离职，一些人会将就地留在不理想的工作单位，这些都会不同程度地造成对未来职业生涯最佳发展路径的偏离。可见，中国大学生创新创业指导效果的不充分性，不单单存在毕业生就业率不高的问题，还存在对每个学生未来职业生涯发展指导深度不充分的问题。

（三）中日大学生创新创业指导模式存在异同原因分析

从中国和日本大学生创新创业指导模式来看，由于历史的、文化的原因，中国和日本创新创业指导模式的形成过程是有差异的。然而正如马克思历史唯物主义所指出的，在一定的物质条件下，事物的发展都有一定的历史必然性，即在同样的物质经济条件下，事物都会呈现出一定的规律性和阶段性。大学生创新创业指导模式也不例外，在一定的历史经济条件下，大学生创新创业指导模式也会经历大致一样的形式。因此，不难理解中日大学生创新创业指导模式为什么既存在差异性也存在相似性。下面我们通过分析中日大学生创新创业指导模式存在差异与共性的原因，进一步发现建立适合中国国情的大学生创新创业指导模式的路径。

1.历史原因

由于接受西方创新创业指导相关理论的发展历程不一样，中日大学生创新创业指导模式的理念及服务内容存在差异。日本明治维新之后，采取了一系列除旧布新的改革措施，积极学习西方文化，使日本走上了发展资本主义的道路。善于学习别国先进思想文化和经济制度的日本迅速发展，从经济、文化和政治方面全面完善。由于日本国土面积小，自然资源有限，日本尤其重视人才的培养和利用。他们紧跟西方关于人才培养的最新理论，不断建立和完善人才培养制度。西方从职业指导、创新创业指导到职业生涯教育与规划，其有关人才培养的理论不断丰富与发展。日本政府也顺应时代潮流，适时地跟进关于人才培养政策，从以前的职业指导发展成为现在的出路指导。出路指导是在职业生涯教育理论引入日本后，政府提出的新概念，它比职业指导涵义更广泛。出路指导包含了一个人一生所接受的教育历程及职业发展的全过程，它根据一个人的兴趣爱好、个性特征等设计应接受的教育内容、教育程度及职业发展等路径，由此建立了生涯辅导的理念。

中国几乎也是在同一时间引入西方的职业指导理论，但是由于战争的原因，发展缓慢。新中国成立后，建立高度统一的计划经济，创新创业指导理论与实践也因此中断。直到改革开放建立社会主义市场经济后，创新创业指导的重要性才被重新确立。因此中国高校的创新创业指导还被简单地认为是为就业而进行的指导，导致大学生创新创业指导理念较为肤浅，忽视学生的全面发展。

相应地，不一样的创新创业指导理念导致就业服务内容的差异。日本大学生创新创业指导的服务内容更丰富，服务手段更完善。而中国大学生创新创业指导的服务内容形式化、表面化。

2. 文化原因

泡沫经济前，在终身雇佣制、年功序列制、企业内工会这"三大神器"的支撑下，高校的大学生就业的压力很小。对职业指导的重视是从政府层面开始，并由教育机构实施的。其实，当时对职业指导的重视，是出于日本整个文化对人才重视的需要，而不是出于就业压力的需要。由于日本自然资源匮乏，人才是日本唯一可以充分利用的资源，所以政府和社会各界相当重视人才的培养，从小学就开始关注学生未来职业的发展，并注意对学生予以适当的职业指导。在该文化背景下，虽然泡沫经济的破灭使日本整个就业市场发生了翻天覆地的变化，其自上而下的创新创业指导模式不仅还存在，且更加全面化了。高校为帮助大学生顺利就业，采取了积极主动的态度，设立专门的创新创业指导机构，开设创新创业指导课，主动与外界取得联系，举办企业说明会、鼓励并帮助学生开展社会实践等。因此，日本创新创业指导人员的职业素养较高、就业发展网络较完善。

中国实行计划经济时期，受"人多力量大"的影响，对人的利用只考虑到数量上的因素，而忽视了最重要的"质量"因素，即对人的综合素质的培养及利用。其次，在统包统分政策的影响下，大学生进入大学以后就有了稳定工作的保障，于是经过激烈高考竞争，考上大学后，一部分大学生常有一种熬到头的感觉。大学四年，部分学生混日子，虚度光阴，忽视对提高自己文化素养，培养自己的综合能力。高校也因为没有大学生就业的压力，对全面培养人才重视不够。再者，中国对西方文化的抵制，导致相关创新创业指导理论不能进入中国，不利于人们对人才与职业进行全面的认识。中国改革开放以后，邓小平提出"解放思想，实事求是"，中国才在社会经济的逐步发展中开始接纳西方的理论和思想。由于社会经济发展的需要，人们意识到人才的重要性，才开始积极学习西方创新创业指导方面的理论，并随着大学生就业问题的白热化，探讨并建立大学生创新创业指导模式。

因此，受传统文化的影响，虽然不少高校已经意识到开展大学生创新创业指导工作的重要性，并建立创新创业指导机构，中国大学生创新创业指导模式还不够彻底、不够完善，与创新创业指导理论与实践发展了上百年的日本相比，还有一定的差距。

3.经济原因

如前所述，任何形式的存在都是由一定的物质基础所决定的，大学创新创业指导模式也随着社会经济发展到一定程度，为了适应新的社会经济发展的阶段而表现出不一样的形式。中国经济经过四十多年的飞速发展，已经在各个方面不断完善起来。与此相适应，创新创业指导模式也随着经济的发展经历了以管理为导向、以指导为导向及以服务为导向的创新创业指导模式。通过对日本大学生创新创业指导模式的研究，我们发现，这三个阶段日本也经历过或正在经历。

另外，随着经济全球一体化的影响，世界社会经济出现的一些新问题，也直接或间接地导致中国和日本的大学生创新创业指导模式面临同样的问题。如青年人价值观的变化，经济的波动，产业结构的变动，人才在世界范围内的流动等因素都会给中国和日本的大学生就业带来一些类似问题，面对这些新问题，中国和日本都应积极探讨适合解决自己国家大学生就业问题的方案。

从日本的创新创业指导与中国的创新创业指导的对比分析，我们发现，日本的创新创业指导体系整体来说比较完善。在政府的统筹下，各个单位协调合作，各单位之间的信息沟通较完善，已经建立起一个较完善的就业发展网络。而中国在创新创业指导理念、创新创业指导在职人员、创新创业指导服务内容、创新创业指导发展网络等方面的发展都有待于加强。基于对中国和日本创新创业指导体系优缺点的对比分析，结合中国大学生就业的实际情况，笔者认为，我们应该建立一个三层多维的金字塔形的创新创业指导模式，将社会各个资源联系起来组成一个信息网络，发挥各个部门的特长，以促进大学生就业的顺利实现。

第六节 其他国家大学生创新创业指导的经验

一、德国大学生创新创业指导工作的经验

大学生就业是学校与整个社会的共同的事。政府、高校以及社会中介在这个过程中各有分工,其中,政府系统为主渠道,企业和学生为主体,学校为中介,私人咨询介绍所为补充。私人咨询介绍所主要面向企业,同时为求职者个人介绍职业,搭起企业与求职者之间的桥梁;企业发挥择优用人的主体作用,普遍重视人才选聘的战略与策略。大企业直接承担求职者的实习与培训,中小企业也委托政府系统等进行职业培训;各高校提供对学生就业的咨询服务,每个学校都设置了形式不同的专门机构,保证必要人员编制和经费投入,主要运作方式是针对专业教育缺陷和学生素质的不适应,进行系统的课程培训;学生则既是就业服务体系面向的问题又是求职的主体。随着社会的不断发展和知识经济时代的到来,在德国的大学生就业服务中,政府关注与投入不断加强,各高校也纷纷调整人才培养策略,着重提高学生适应素质,创新创业指导工作愈加社会化、信息化、国际化。

二、英国大学生创新创业指导工作的经验

大学生创新创业指导任务一般由学校承担,学校充当创新创业指导的"高参"。高校一般都设有毕业生创新创业指导服务部,既是学生们就业信息的主要"数据库",又担负着为他们排忧解难,对症下药的心理辅导服务。服务部常年与用人单位保持密切联络,了解人才需求情况。大学设有专门的就业咨询人员,向学生提供就业信息,帮助分析学生的具体情况、计划求职方向,教他们如何根据用人单位的要求写专门的求职信、面试中的注意事项等。在英国大学里做就业辅导的教师大都拥有心理学等专业的博士学位,因此对于毕业生的辅导除了择业外,还包括了个性分析、职业生涯设计等更重大的内涵。另外,英国还有一个民间组织,联合各高校编写就业辅导书,发布有权威性的评估和就业率统计信息。

三、加拿大、澳大利亚大学生创新创业指导工作的经验

许多高校成立了学生顾问处或就业办公室，全面负责学生的就业工作。该机构除了专门的工作人员与企业有关部门进行联系外，还从企业聘请顾问，对学生进行指导。特别是一些私立大学中，都设有校一级的专门机构——就职科、就业部或就职指导部，专门负责学生的创新创业指导和咨询工作。无就业部的大学一般由学生部或学生部下属的厚生课兼管。学校印制专门的创新创业指导资料，向学生提供有关职业的最新信息，同时也刊载一些校友的忠告和建议以及企业方面的要求、专家的意见等，以便毕业生更好地了解和掌握信息。向学生介绍招聘部门的概况和招聘要求，同时也向招聘单位介绍学生的有关情况，举行就业讲座或就业说明会等。学校中负责为毕业生进行就业咨询与服务的机构，称"就业服务中心"或"就业中心"。澳大利亚的大学就业机构比较健全而且运转灵活自如。由招聘单位直接派人参加信息发布会等活动。

第四章 利益相关者之间的互动关系及价值循环

目前关于高校创业教育利益相关者之间互动关系及价值循环的研究较少且深度不够，现有的研究主要是以利益相关者对高校创业教育投入与产出的线性关系作为假设基础，不足以反映高校与创业教育利益相关者之间全方位的、复杂的网络型动态关系。本章节在界定高校创业教育利益相关者内涵的基础上，用价值链来表示利益主体间关于创业教育方面的资源投入与预期收益的链接关系，并以价值循环为基础分析创业教育利益相关者之间互动关系的复杂性。然后依据复杂的网络状互动关系把高校创业教育利益相关者间的价值流分为六个类别，分析利益相关者通过彼此间的博弈、合作和互动来交换价值并获得增值的链接过程与途径。研究表明，利益相关者对高校创业教育的资源投入与预期收益之间的差异程度会影响利益主体的投资意愿，也会影响网络中价值增值的方式和方向、增值的速度和程度。

第一节 高校创业教育利益相关者之间互动关系的学理综述

随着社会多元化和经济环境多变化，"单边线性关系"的观点越来越难以解释组织与其利益相关者之间的合作、博弈和互动关系了，具有现代特征的网络结构类型似乎更符合对这种关系的表述和阐释。每一个组织与其众多利益相关者之间都存在一个元问题，即怎样创造更多的价值与怎样更公平地分配价值蛋糕的问题。如何解决这个元问题，需要新的理论指导、价值观引领和实践验证。许多研究者和企业家开始构建新型组织来解决新型问题，譬如马云创建了淘宝网来链接消费者与生产商，高校以创业教育来链接大学毕业生与用工单位，通过校企合作来链接知识生产与成果转化。

从学术界来看，自20世纪50年代以来，一些学者就不再把企业或组织看成是封闭系统，而是倾向于研究组织的包容性和开放性，研究组织与利益相关者及社会各方面的关系。1959年，Penrose把企业看成是人力资产和人际关系的有机混成集合，从而迈出利益相关者理论构建的第一步。1984年，Freeman提出了对组织的利益相关者进行有效管理的观点，标志着利益相关者理论正式从一个纯粹的企业理论转变为一个复杂的理论体系，这个理论体系将所有利益相关者组织构建成一个多目标、多维度的网络结构，并把它们放在同一层面进行整体研究。[76]1993年，Charkham将契约精神和契约理论运用到利益相关者理论中，把利益相关者细分为契约型利益相关者和潜在型利益相关者两种。Itchell和Wood在1997年把利益相关者的界定与分类结合起来并以此把利益相关者分为三种类型：一是与组织有明确利益关系的人或群体，称之为确定型利益相关者；二是在未来某阶段将会与组织产生利益链接的个人或团体，称之为预期型利益相关者；三是现在与组织没有任何利益瓜葛，但在特定条件下会发生利益交集的个人或团体，称之为潜在型利益相关者。这些研究成果都为利益相关者理论的深入发展提供了坚实的学理依据。

我国的公办高校都属于公益二类事业单位，具有非营利性质，是典型的非营利组织和利益相关者组织。一些团体或个人对高校的创业教育投入人力、财力和物力等资源，其活动必然会影响到高校创业教育工作，同时也必然会受到高校创业教育工作过程的影响。张婕（2006）认为，中国高等教育管理范式最终将走向"利益相关者管理"范式，其核心要义是凝聚利益相关者共识并建立彼此的合作互动关系。赵红路（2009）等认为，我国的高校创新创业教育需要利益相关者协同努力才能欣欣向荣，政府部门的政策资源、学校的人力资源、金融机构的资本资源及企业的工作资源等多种资源的整合是创业教育成功的必要条件。

总的来说，针对企业管理的利益相关者理论被成功地运用到高校管理领域，对高校的创业教育工作也起到了理论指导作用，反过来，又拓展了利益相关者理论的研究广度和深度。但问题和不足依然存在。首先，利益相关者的涵盖范围过于空泛，几乎任何与组织有直接或间接联系的团体和个人都可以称之为利益相关者，过宽的定义会加重组织责任和不利于组织决策的执行。[77]其次，许多研究是基于"组织中心"假设，认为"组织"是处于利益相关者的绝对中心主体地位，其他利益相关者应该为组织服务，以组织

76.Steurer, R. Mapping Stakeholder Theory Anew:From the `Stakeholder Theory of the Firm 'to Three Perspectives on Business-Society Relations[J].Business Strategy and the Environment,2005,15(1):55-69.

77.Kaler, J. Differentiating stakeholder theories [J].Journal of Business Ethics, 2003, 46(1): 71-83.

利益为重和围绕"组织"转，组织可以以自身为中心去支配和管理利益相关者，根据"组织"自身的利益来预设问题，然后依据利益相关者的资源、法理地位及时间要求来决定优先与哪个利益主体谈判。[78]

"组织中心"观点也出现在关于高校创业教育的研究中，认为高校创业教育的投入与产出是一种简单的线性关系，一个基本假设就是，在所有的创业教育利益相关者中，只要组织的中心主体成员，即教育行政机构、高校管理者、创业教育教师、学生和家长等，竭尽所能，高校创业教育工作就能卓有成效，而忽视了政策制度、社会文化、经济形势及利益相关者之间博弈、合作互动等复杂因素的动态影响。[79]"组织中心"假设过度强调组织的中心地位，认为利益相关者治理的目的在于降低组织风险、强化组织效率、提高组织声望和增加博弈筹码，提出的治理措施也是根据博弈或谈判结果而形成的零碎的、机械的而且带有利益交换的短暂行为。基于这种假设的利益相关者治理实际上就是通过控制组织内部因素和组织外部的利益相关者来达到组织自身的利益目标，本质上还是一种自私行为，这种意义上的利益相关者组织是经济学意义上的"经济人"组织。

基于双边关系和"组织中心"假设的线性投入、产出观点无法解释高校创业教育组织与利益相关者之间的动态关系和多边协调问题。因此，一些研究者开始摒弃传统方法和理论，转而采用现代色彩较浓的复杂网络结构分析方法来解决组织与利益相关者之间的多维动态关系问题，[80]Roloff认为利益相关者之间通过要素互换和利益互动构成错综复杂的互动关系网络，每一个利益主体都是网络节点中的一个特定角色，网络中每个节点之间即利益相关者之间存在错综复杂的动态关系。利益相关者之间可以依托契约形成正式的合同关系，还可以通过要素交易、资源合作、环境公用等环节形成各种临时的松散联盟。这些研究关注复杂的网络关系，超越了传统的双边线性关系治理模式，运用了社会网络结构之间的动态学习和系统互动的思路，把网络节点视为具有积极的目标性、功

78.Mitchell,R.K.,et al.Toward a theory of stakeholder identification and salience: Defining the principle of who and what really counts[J]. Academy of Management Review, 1997, 22(4).

79.McMeekin, R. Networks ofschools [J]. Education Policy Analysis Archives, 2003, 11(16): 116- 131.

80.Mattingly,J.E.Stakeholder Salience,Structural Development,and Firm Performance:Structural and Performance Correlates of Sociopolitical Stakeholder Management Strategies[J].Business Society, 2004, 43(2): 97- 114.

利性和主动性的利益相关者主体。正是这种主动性和功利性及其与环境间反复交换、相互回馈的作用，构成了利益相关者网络系统得以发展和进化的基本动力。

广义而言，高校创业教育及其利益相关者也构成了一个复杂的社会网络系统，各利益相关者主体有着不同的资源投入和成果产出，彼此间竞争又合作、博弈又互动，形成一种相互制约和依赖的复杂网络关系。高校创业教育的利益相关者网络由哪些主体构成？主体间形成什么样的关系？这些关系又将如何演变？本文将基于投入产出的价值链来研究高校创业教育利益相关者之间复杂的动态网络关系，构建不同网络节点所组成的网络框架，对不同利益主体所构成的相互合作和竞争、相互依赖和制约的复杂关系进行动态分析；对高校创业教育网络中利益相关者的集体行为和个体选择进行分析，从而把整个网络的宏观结构和单个网络节点的微观行为有机地联系起来。

第二节　高校创业教育利益相关者的范围和分类

一、高校创业教育利益相关者的范围

哈佛大学经济学教授罗索夫斯基指出，大学利益相关者不仅包括认为"自己就是象牙塔守护者"的大学教授以及视大学为"私人领地"的校董们，还包括更多的利益主体，如家长、主管部门、社会公众、行业企业等。[81]在学术方面，大学面向内部利益相关者承担知识管理和知识传承等学术责任；在社会服务方面，大学应该通过人才培养、科学研究和成果转化等方式来向外部利益相关者尽到完全的"社会责任"。高校组织生态的内外部利益相关者携手合作、互帮互助、共生共赢，共同完成大学的社会使命和实现大学的卓越治理。

与以营利为目标的企业不同，我国高校（本文主要指公立性质的高等学校，不含民办高校）是全民所有制的公益事业单位，所有者是代表全体社会成员的国家，投资者是不以营利为目标的国家财政，也可以是其他个人或团体的资金捐赠（但不得以此来获取

---

81. 罗索夫斯基, H. 美国校园文化——学生·教授·管理[M]. 谢宗仙, 等, 译. 济南：山东人民出版社, 1996: 1-8.

任何经济回报）。因此，高校没有严格意义上的个体股东，任何单位和个人都不能对大学行使独立控制权，更不能够占有学校的剩余利润，只能由全体利益相关者共同决定高校的行为。

  高校创业教育的目的是培养大学生的创新意识、首创精神、冒险精神和创业实践能力，在全国、全社会形成良好的创业教育氛围，构建一个全方位的立体创业教育生态培育网络体系。高校、政府、企业、金融、媒体、家庭、学生等都是这个网络系统中的网络节点即利益相关者，利益相关者之间在某些方面和某些时候存在博弈与竞争，但更多时候是相互联系、相互合作和相互支撑，共同构成一个完整的有利于促进经济社会良性发展的创业教育网络体系。作为创业教育网络体系的主干，高校在创业教育中发挥着核心作用，属于核心利益相关者。高校通过课程设置、资源整合与传播沟通等手段与其他利益相关者进行有效协调和交流，引导他们参与高校创业教育。作为创业教育网络体系的关键节点，政府是高校创业教育的关键参与者和协助者，属于关键利益相关者，在政策指导、财政扶持、部门协调、方向引领等多方面为高校创业教育保驾护航，创造良好的外部环境。企业可以为大学生的创新创业提供技能培训和实习场地，知名企业更是大学毕业生创新创业的榜样和奋斗目标，在高校创业教育中起着重要的示范作用。媒体为大学生创新创业提供精神激励、舆论引导，银行等金融业则为大学生创新创业提供资金支持，因此，媒体和金融界在高校创业教育中同样担负着不可推卸的社会责任。高校创业教育的最终服务对象是在校大学生，唯有学生接受了创新创业观念、拥有了创新创业意识和理念并勇于去实践创新创业，才能说高校创业教育获得了成功。学生的背后是家庭，家庭为学生实践创新创业提供最无私、最直接的支持，也是高校创业教育的强力支持者。

二、高校创业教育利益相关者的分类

  高校创业教育项目涉及到较多的利益相关者，彼此相互作用，构成一张复杂而明确的社会网络关系。已有研究对项目利益相关者进行了分类，Vos 等根据参与程度与影响能力两个维度把创新创业项目的利益相关者大致分为两类：一是直接参与项目，对项目具有较大影响力的主动参与者，如项目客户和项目设计者等；二是那些受到创业项目的影响却无能为力做出任何回应的被动参与者。[82]王进对高校创业教育项目的主要利益相关者进行了归类，从时间、结果和态度三个维度将大型工程项目的关键利益相关者划分为核心型、战略型及外围型三类。[83]Mitchell等认为可以根据合法性、影响力和紧迫性三个标准来对创新项目的利益相关者进行分类：确定型利益相关者、预期型利益相关者和潜在的利益相关者。

鉴于我国公办高校与政府间的特殊依附关系，高校创业教育属于非盈利性项目，它的利益相关者理所当然地具有合法性。因此，可以从对创业教育项目的利益相关性和影响力两个维度，将高校创业教育利益相关者进行简单分类。如图4-1所示，纵轴表示与高校创业教育项目的利益相关性，横轴表示对高校创业教育项目的影响力。

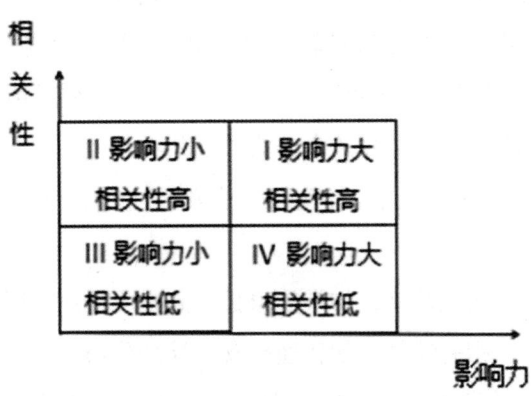

图4-1 高校创业教育利益相关者影响力和相关性分布图

学生家长非常关心高校的创业教育，与这个项目的利益相关性强，但却没有途径或方式影响高校的创业教育，即影响力小，对应于图4-1中的Ⅱ象限。教育行政主管部门与高校创业教育的利益相关性较低，但对这个项目的影响力相当大，对应于图4-1中的Ⅳ象限。企业作为潜在的用人单位，与高校创业教育的利益相关性较高，因为高校毕业生实践能力、创新精神和沟通能力等因素是否达到企业的用人标准至关重要。但企业对高校创业教育的影响力可大可小，大型企业社会影响力比较大，而且很多大企业与

---

82. Vos，J. F. J.，Achterkamp，M. C. Stakeholder identification in innovation projects: going beyond classification［J］. European Journal of Innovation Management，2006，9(2)：161-78.

83. 王进，许玉洁. 大型工程项目利益相关者分类［J］. 铁道科学与学报，2009(5)：77-83.

高校的创业教育项目有合作甚至资金捐赠或其他形式的合作，因此，大企业对学校项目具有较大的影响力，对应于图4-1中的Ⅰ象限。但小企业对高校缺乏影响力，对应于图4-1中的Ⅱ象限。当然，如果企业希望招聘的毕业生在学校受到全面的、符合企业用人标准的教育，可以采取向学校提前下订单委托学校定向培养的方式增加自身影响力。如果毕业生缺乏创新意识、实践能力和创新技能因而不能满足企业的工作标准，或者还需要接受企业的再培训，则高校的创业教育是失败的，用人单位、学生本人和家长都受到了损失，高校声誉也将受到损失，甚至整个社会在某种程度上都受到了不同程度的损失，也就是说所有利益相关者都受到了损失。如果高校的创业教育能预先了解到社会需求和企业的用人标准，而企业或相关单位又能够将自身用人标准和高校或教育主管部门充分沟通，则所有的利益相关者都会得到合作共赢的结果。如果这样，企业或用人单位就会从高相关性低影响力的Ⅱ象限性转变为高相关性和高影响力的Ⅰ象限。

根据利益相关者与高校创业教育项目的利益相关性和对项目影响力的大小两个维度，可以把高校创业教育的利益相关者分为如下几类：

Ⅰ类：影响力大、相关性高，如高校创业教育项目管理者、承担项目的教职员工、学生、少数大型企业；

Ⅱ类：影响力小、相关性高，如学生家长、高校所在地社区、小企业；

Ⅲ类：影响力小、相关性低，如普通校友、社会公众；

Ⅳ类：影响力大、相关性低，如政府机构、金融机构、产学研合作者、资金捐赠者。

第三节　高校创业教育利益相关者的资源投入和预期收益

辨识高校创业教育项目的利益相关者，弄清楚每个利益相关者主体的资源投入和预期收益，以及主体预期得到满足的程度、资源投入和收益产出的性价比，是高校创业教育利益相关者价值链及其关系网络研究的前提基础。在构建利益主体价值链关系之前，需要分析每一个高校创业教育利益相关者的资源投入和预期收益，研究利益相关者主体之间的价值流动类型、趋向、程度以及主体间的合作与互动。

一、第Ⅰ类利益相关者的资源投入和预期收益

第Ⅰ类利益相关者包括创业教育项目管理者、承担项目的教职员工、学生及少数大

型企业。从绩效管理的视角来看，作为公益二类事业单位的高校在管理改革上与企业有相似之处，提倡竞争与合作并存、绩效与责任同在、强调服务质量、顾客就是上帝等精神和理念。创新创业教师肩负着激发学生创新精神、培育学生创新创业技能与服务社会的重要使命，他们的投入包括创新型脑力劳动、深入企业学习和体验实践的经费、时间和其他方面的资源投入。创新创业教师的预期收益很多，在本职工作上，他们希望在创业教育过程中掌握教学艺术和教学经验，在实践教育教学中获得创新创业技能、获得学生和家长的肯定与认可等等；个人事业方面，除了一份体面的工资薪酬外，他们还希望借助创业教育能创造个人的发展机会，有利于为个人创业即第二事业的发展创造良好环境，此外，创新创业教师也期望在产教融合的大背景下获得更多的科研成果，为职称评定创造好的条件。因此，高校创业教育教师的预期收益可以归纳为：一是好的薪酬及福利待遇；二是学术发展、职称评定和科研成果，三是兼职创业的可能性，现在的国家政策允许并鼓励高校教师在不影响本职工作的情况下创业。

从创业教育项目市场化的角度分析，学生是创业教育项目的产品，企业尤其是大型企业是创业教育的顾客或消费者。市场化微观运作的宗旨是以消费者（用人单位）为中心，提高产品（毕业生）质量以满足顾客或消费者的需求。学生的投入包括：创业教育项目培训费（包含在学费之内）、企业实践的费用（不在学费之内）、时间、机会成本等；学生的预期收益包括创新创业精神和首创精神的育成、创业技能和实践能力培养、职业生涯规划、专业前沿趋势分析等。企业（主要指参与创业教育项目合作的大型企业）的投入包括资金捐赠，实物、器材捐赠，实习机会和场地的提供等；预期收益包括成为高校成果转化的优选者、获得符合企业要求的潜在员工及赞助高校创业教育所获得的社会赞誉等。

二、第Ⅱ类利益相关者的资源投入和预期收益

第Ⅱ类利益相关者包括学生家长、高校所在地社区及众多小型企业等。每一个学生背后都站着家长，凡是对学生有利的教育都会获得家长的期待和肯定。除了优秀的专业成绩之外，家长也希望自己的孩子具备良好的沟通能力、实践能力和必要的创新创业技能。望子成龙的传统教育理念使家长希望自己的子女所学技能越多越好，只要孩子愿意学习，家长都愿意竭尽所能地提供资金或其他资源保障。家长对子女技术技能的期望会转化为对高校创业教育的期待。学生家长的预期收益包括学生的未来工作单位、荣誉、薪酬待遇、社会地位、精神回报等。

现代大学在某种意义上已经与当地社区融为一体了，大学的影响已经渗透到社区的方方面面，社区的发展也会影响高校治理。高校创业教育项目会给当地社区带来经济效益和非经济效益。如大学生成功的创业项目和校企合作项目都可以为社区居民提供就业岗位，拉动社区经济发展。高校创业教育项目的技术专利和成果转化会为当地小企业带来机遇和效益，驱动地方经济繁荣。

三、第Ⅲ类利益相关者的资源投入和预期收益

第Ⅲ类创业教育利益相关者包括普通校友和社会公众。校友是已经经过学校创业教育培训和输出的社会劳动者。由于校友与母校之间的特殊关系，校友可以优先得到和利用母校创业教育的资源，如有必要，可以很方便地接受母校的再培训和技术支持。创业成功或工作卓有成效的校友会为母校和母校的创业教育带来社会声誉，同时母校创业教育的卓越发展也为校友的创业就业带来许多额外好处。社会公众对知识技能的渴求能促进高校创业教育的进一步发展，作为纳税人的社会公众也为高校创业教育默默地贡献自己的力量。另一方面，高校创业教育工程会孵化和培育出一些新兴企业，从而促进社会发展，增加社会公众的就业机会，增加社会公众的利益。

四、第Ⅳ类利益相关者的资源投入和预期收益

第Ⅳ类利益相关者包括政府机构、金融机构、产学研合作者、资金捐赠者。政府机构为高校创业教育提供制度框架和适量的财政扶持，为校企合作牵线搭桥并协调二者之间的关系。政府的预期收益包括获有更多具有创新精神和创业技能的年轻公民，丰富人力资源积累，增强国家竞争力。

在国家大力提倡"双创"教育和市场经济背景下，将产学研融入高校创业教育中并为之服务，通过引入拥有实践经验的企业导师、工作资源和实践项目等，以产学研平台、校企合作团队等多种模式，实现创新创业思维训练、创新创业项目实践、产教融合与创业管理教学等目标。金融机构和资金捐赠者为产学研合作项目提供贷款和资金扶持，充分发挥高校、资金和企业各自的资源优势，协调整合、共同发展，从而实现学生创新创业能力提升和实现高校、企业、投资人等多方互利共赢。所以产学研合作的真正内涵是以高校创业教育项目、企业平台、金融机构及资金捐赠者的资金为起点，探索构建企业、金融、高校与大学生都能受益的、良性互动发展的创业教育支撑体系，为大学

生的创新、创业、就业树立榜样并产生示范效应。在合作模式方面，企业、金融机构和资金捐赠者都参与创业教育的人才培养；根据高校专业特点，企业提供平台，金融机构提供贷款，捐赠者提供资金扶持，遴选创新团队和创业项目，培养学生创新创业能力，解决资金出口和满足企业需求。

产学研合作者的预期收益：通过参与高校创业教育项目获得所需要的人力资源，获得高校的知识专利，增强企业竞争力，对企业产品产生积极宣传的正面广告效应。此外，高校创业教育的发展会给作为项目合作者的金融机构带来直接的利益，如降低投资风险和贷款利息的获得；高校创业教育的发展也会为如资金捐赠者带来一系列潜在的利益，并在一定条件下转化为某种直接利益，扩大了资金捐赠者的社会影响和社会声誉。

第四节 价值链基础上的高校创业教育利益相关者网络

随着创业教育在高校的广泛开展，高校与其他利益相关者之间的协同合作呈现出多样化、纵深化、链式化等多种发展模式。因此，需要在协同合作的价值链基础上，构建高校创业教育利益相关者之间的动态关系网络。

一、利益相关者网络关系模型的构建依据

创业教育利益相关者之间的关系错综复杂，既有合作互助亦有利益上的博弈和竞争，应该把利益相关者主体间的复杂关系放在系统网络中加以分析和认识，才能明确各个利益相关者主体的资源投入和预期收益。在此基础之上，再将利益主体的投入和产出联系起来构建一个动态的社会关系网络模型。高校创业教育利益相关者主体之间产生博弈和竞争的原因在于：资源投入后没有获得预期的收益，或者投入与产出的性价比不高。在网络中考虑利益相关者之间的博弈和互动关系时，运用网络分析法来描述高校创业教育项目组织以何种方式和什么状态镶嵌在利益相关者网络中，创业教育项目组织在网络中的地位决定组织将采取何种方式对其他利益相关者做出何种反应。例如，组织有意增加网络节点的密度，更能强化利益相关者主体间的联系和相互作用，并降低利益相关者之间信息分享的难度。

第一，模型假设。模型的构建依赖于下述假设：
（1）高校创业教育利益相关者的目标离散度高；

（2）利益主体的资源投入行为建立于预期收益之上即基于资源投入多少而对未来收益形成某种判断和评估；

（3）关系度和认知度是高校创业教育网络中利益主体间交流的重要指标；

（4）创业教育利益相关者网络关系并非一成不变的，节点之间的互动方式随着节点资源多少而发生动态变化；

（5）网络节点间的合作程度具有非恒定性和变异性；节点成员间的差异性会导致分歧和矛盾及解决矛盾的方法。

第二，模型维度。Mitchel 从组织网络的规模、结构、互动关系和互动过程四个层面构建了某些网络特征。[84]Burt 以分析单元和分析方法两个维度为基础构建了网络的分析模型，受 Burt 网络分析模型和 Mitchell 要素模型的双重启发，Michael 通过分析网络关系联结的规模程度、疏密强度、结构方式和博弈规则等因素，归纳出组织关系网络模型的四个维度：结构要素、资源要素、规则要素和动态要素。

基于价值链的网络模型关系主要从资源要素和动态要素两个维度来考虑网络节点之间的博弈互动，因为资源要素反映了创业教育利益相关者资源投入的程度，而动态要素主要显示利益主体从彼此间的互动关系中获得预期收益的多少。而 Michael 模型中的结构要素和资源要素刚好反映了资源的丰裕程度和资源的品质，因此模型构建将使用结构要素和资源要素两个维度。创业教育利益相关者能否获得预期的收益及收益的多少依赖于利益相关者组织网络的互动变化结果，而 Michael 模型中的规则要素和动态要素则代表了组织网络互动变化的情景条件，因此规则要素和动态要素构成了高校创业教育利益相关者网络模型的另外两个维度。显然，基于结构要素、资源要素、规则要素和动态要素四个维度的网络特征能较好地解释模型中利益主体间的竞合关系、互动频度和博弈强度。

二、网络模型

从结构形式上来看，组织的社会关系网络都可以被看做是一个由各种关键节点和必要的连线所组成的模型图，而模型图的方法是用来描述组织的复杂社会关系网络的基本

84.Mitchell, J. C.The Concept and Use of Social Networks. Social Networks in Urban Situations[M]. Manchester,England, 1969: 13- 14.

方法。基于上述模型假设和模型维度的分析，结合网络模型的概念和符号，可以构建高校创业教育利益相关者关系网络模型，这是一个由众多利益相关者主体和它们之间的互动关系所构成的网络模型。在模型中，用网络节点表示高校创业教育的利益相关者，利益相关者主体之间的互动关系作为节点间的连边，则模型的要素系统 G 就由一个有序四元组（四个子集合）来表示：

$G=(N, R, S, D)$

其中，$N=\{n_1, n_2 \cdots, n_j\}$ 为模型中的关系网络节点系统，这个节点系统实质上是模型要素系统 G 的一个子集合，子集合中的元素 N 表示关系网络的节点(Node)，代表利益相关者主体的集合，用利益主体所拥有的资源表示集合的涵义。

$R=\{B_{ij}\}$ 为利益相关者应该遵循的规则边界子集合，表示 R 集合中的每一个规则边界 B_i 都对应着子集合 N 的一对节点 (n_i, n_j)。R 代表规则（Rule），其中元素 B 则代表边界(Border)。表示利益相关者主体之间的博弈和互动关系必须遵循组织规则，利益相关者有时因利益分歧而相互竞争，形成竞争对手；有时又因利益合作而互动互补，形成战略合作。无论是竞争对手还是战略合作联盟，都不能超越高校创业教育组织的规则边界和违反市场经济的游戏规则

$S=\{s_1, s_2 \cdots, s_n\}$ 为创业教育利益相关者互动网络关系中结构要素所形成的子集合，结构要素 S 是指不同情境结构下的因子聚集，作为模型的外生变量可以模拟整个模型中网络节点之间博弈互动结构的时间变化和路径迁移，设置不同互动结构条件下利益主体的状态，任何利益主体对于系统中其他个体状态施加任何方式的影响通常都会受到潜在结构条件的制约。

$D=\{d_1, d_2 \cdots \cdots, d_n\}$ 为动态要素(Dynamic elements)聚集而成的子集合，指不同情景和不同结构条件下的变量集合，变量的演化可以折射出高校创业教育利益相关者动态变迁的路径模式集合，即以何种方式把互不相干的陌生者变成利益相关者，或者说从不相关变成相关及其逆向过程，以及利益相关者主体如何在一个网络博弈中演化的过程。

这个网络模型表明了高校创业教育利益相关者主体之间需要尊重某种大家一致认可的制度或规则，通过规则边界来厘清彼此间的责任和义务，每一个利益相关者都在组织中充当一定的角色，既不能缺位亦不能越位。组织的主要目标是维持正常运营并获取利益最大化，其价值目标趋向于过度维护核心利益主体，与社会公众目标时有分歧，与其他利益相关者的目标也并不完全一致，因此组织在一定情景结构下有漠视其他利益相关者利益诉求的条件和动机，甚至可能会因为维护核心主体的利益而损害其他利益主体的正当利益。为此，作为利益主体之一的政府部门应加强对高校创业教育活动过程的监管力度，还应加强与其他利益相关

者主体间的联系，积极运用公共制度规则和市场游戏规则防患于未然，防范公共资源流失或分配失衡而导致高校创业教育的治理风险。

三、高校创业教育利益相关者的价值链关系

在构建了利益相关者的网络模型后，需要把资源投入和功能产出用价值流回路链接起来，形成创业教育利益相关者的资源投入—预期收益价值链网络。譬如，学生的创新意识来源于专业教师的产出，他们的创业技能来源于合作企业导师的产出等。构建创业教育利益相关者价值链的目的在于发现某种可能或不可能：投入了资源却没有得到预期的回报和收益，或者获得的收益与所投入的资源不成比例。价值链的回路由许多的半封闭性的小循环圈共同构成，可以通过大大小小的价值链循环圈来分析各种价值流，从而验证创业教育利益相关者的资源投入和预期收益之间的性价比，如图4-2所示。在图中，用价值流来代表利益相关者主体间资源投入与预期收益之间的循环，用价值链来表示各种价值流之间的关系联结。高校创业教育利益相关者之间的价值流可以分为六类：公共政策价值流 P，表示政府部门对于高校创业教育的各项支持政策及政策解释、说明和指导；资金价值流 C，包括学生学杂费、金融机构的贷款、捐赠资金和财政拨款等；人力资源价值流 H，包括创新创业教师在各个高校间的流动、高校与企业或产学研合作组织间的人才流动、毕业生中的创业者向社会流动、毕业生中的就业者向用人单位的流动；知识和技术价值流 K，高校创业教育的知识生产和技术成果向市场和社会流动，社会中的实践知识向高校创业教育反流；服务价值流 S，市场经济条件下，高校创业教育项目组织和其他利益相关者组织间的相互合作和相互依存的价值关系。

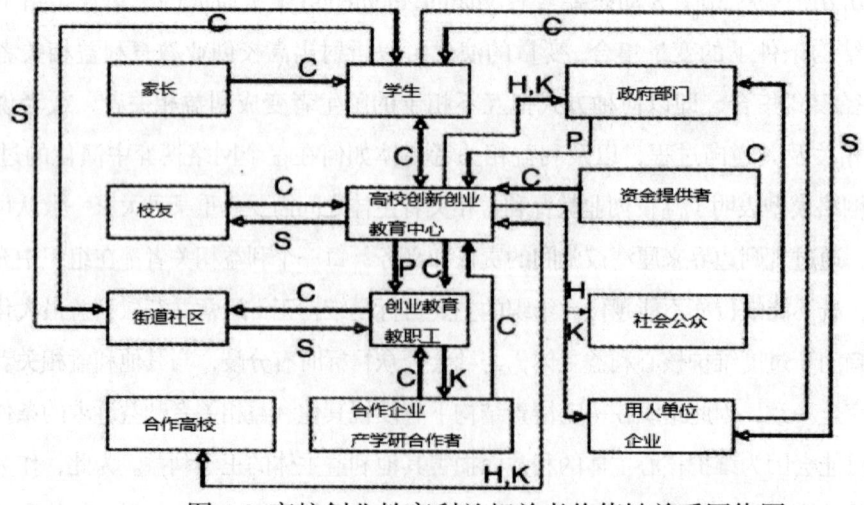

图 4-2 高校创业教育利益相关者价值链关系网络图

作为一种价值流系统的高校创业教育利益相关者互动关系网络，体现为一系列创业教育项目培训价值的流动过程。高校创业教育的价值流可以分为虹吸价值流（从外部环境流向高校）和溢出价值流（从高校流向外部环境）两种。高校创业教育价值流的重要特点就是：高校的创业教育教师（包括高校专业教师和合作企业的兼职导师）是价值增值和价值传递的重要载体。高校创业教育价值流的整个流程分为：价值虹吸、价值筛选、价值增值、价值传递和价值溢出五个阶段。价值虹吸阶段，外界资源和信息经过某种渠道和方式被吸引到高校创业教育中心；价值筛选阶段，高校创业教育教师对流入的信息进行筛选、辨识后排除无用信息，吸收有用信息和资源的过程；价值增值阶段，教师对获取的有用信息和资源进行消化和升华，最终内化为自己的创业教育知识和技能；价值传递阶段，是指高校创业教育教师把获得的价值即知识和技能通过课堂教学和实践培训的方式传递给学生；价值溢出阶段，是指高校创业教育中心的知识生产和专利技术通过毕业生向市场和社会溢出，也可能通过产学研等渠道向合作企业溢出。这样就形成了高校创业教育知识或技能的虹吸、筛选、增值、传递和溢出价值链，自身遵循市场规律，获得并输出价值，即高校创业教育所创造的价值向利益相关者传递或扩散，再通过利益相关者反馈和溢出到社会，促进社会发展。

在价值链的基础上研究高校的创业教育，离不开对利益相关者之间错综复杂的关系网络结构进行分析，只有对网络结构经过持续不断的探索和剖析，才能深入了解在高校创业教育实践过程中利益相关者的资源投入能否得到应有的回报，回报和投入之间的比例是否合理，进而促成高校创业教育赋予学生的知识福利最大化。确定利益相关者价值流动的过程和方向，有助于区分利益主体彼此间的义务、价值产生过程以及利益相关者的内在动机，有效维护节点间沟通、交流和互动的路径，促进利益相关者之间的互帮互助和协同合作，提高组织的整体效率。

通过构建高校创业教育利益相关者之间的互动关系网络和价值循环路径，可以找出网络节点即利益相关者主体间的链接关系，进而明确可能的合作途径、减少冲突和解决矛盾的可能性。从而增强高校创业教育的凝聚力和向心力。网络理论和价值链理论的结合，有助于获取更多信息，计算最短路径，选择价值最大流和淘汰价值最小流，优化资源投入和预期收益的合理比例。

第五章　利益相关者的高校创业教育组织变革与创新行为策略

依据新制度主义的观点，高校既是一种利益相关者组织也可以理所当然地被看作是制度，高校的制度框架制约着大学教职工和学生个体的行为互动模式，各层次、各类型的高校或大学也不断地根据现实条件来变革和调整自身的组织结构以适应社会发展，并通过组织变革来解决内部资源的合理配置和对外部资源的依赖。"制度包括为社会生活提供稳定性和意义的规制性、规范性和文化认知要素，以及相关的活动和资源。"高校创业教育是一种即将或正在形成的具有变革和创新精神的新兴组织形式，这种组织的变革和演化会为那些参与市场资源与社会资源竞争的商业化创业行为提供某种程度的制度保障。为了适应经济社会的快速转型和发展，也为了满足利益相关者的利益诉求，高校创业教育将围绕下述三个方面进行组织变革。

第一节　打造拥有动态能力和高效率的领导核心

传统大学的组织结构是以相对静态的教研室（或系部）和学科为基本单位，当新型高校把工作中心向创新创业教育转移时，其组织结构就需要"动"起来，打破教研室和学科的相对静态性架构，整合不同教研室甚至跨学院、跨学科的师资力量，凝聚所有利益相关者的合力来组成跨学科和跨界限的研究中心以便更高效地完成动态的工作任务。传统意义上的学术自由和教授治校这种看似灵活和松散的组织框架，尚不足以应对具有集约性、复杂性、实用性和规模化等特征的现代知识生产的标准和要求，更难以有效率地适应紧随市场步伐、动态信息变化而开展的企业化创业风险活动。高校在向创业教育转型的建设中必然会增加一些可能具有风险的不确定性因素，为了能够在转型发展中占据有利的制高点，并且能够主动开拓事业、积极走进创业教育和科技创新领域，由单纯的学术科研转向新的高技术公司创建实践活动，就会不断革新，增强组织弹性，使创业教育组织特性具有真正的、实质性的转变。为了更好地发挥学术资本优势，参与知识专利和技术成果转化为商业价值的置换过程，缩短转化周期，减少创业风险，高校行政职能的伸缩性和复杂性日益增强，其内部结构变革和制度变革的步骤也日益加快；为了更快地发展创业教育，高校需要强有力的领导核心来协调学校、政府、企业和金融部门等利益相关者之间的博弈和互动，统筹所有利益相关者的分工协作，维持行政组织部门的高效运转，以维护公共行政价值、科研学术价值和新增商业价值三者之间的动态平衡。

无论是志存高远的主流大学还是为生存担心的边缘大学，都更加注重加强与利益相关者之间的合作，对不断扩大和迅速变化的外界社会需求的回应更及时、更灵活和更集中。这就需要一套更加有组织的程序和方法去重塑它们制订计划及流程再造的能力。以深圳大学和东莞理工学院为例，它们主动适应珠三角工业制造业集中的特点，主动加强与政府、银行和企业等利益相关者之间的联系，从组织流程和制度设计上采用创业公司与风险企业的模式来管理校办工厂、校内科学园，各二级学院也按照创业企业的模式指导教师培训项目和学生的创业项目，两所高校创业系统的生机活力都来源于大学领导机构富有计划和弹性的管理模式和组织模式。高校是高度开放、自我导向和自治管理的利益相关者组织，强有力的领导核心可以提升高校管理能力和适应能力，面对外界机遇或危机都能及时地进行政策制度调整和机构人员的增减，有效提升高校的组织功能。大众化教育和高校扩招造成规模扩张所带来的生源质量下降，严峻的劳动力市场形势造成的大学毕业生就业压力，地方政府财政压缩引起的大学资金短缺，经济形势严峻导致校企合作减少，这些利益相关者都给高校的创业教育发展带来各种内外部挑战。从利益相关者理论来看，领导核心具有高瞻远瞩的战略决策能力、坚决果断的执行能力和高效卓越的管理才能，是高校能否从单一的教学研究型转向教研基础上的创新创业教育型、从资源短缺走向供给充裕、从单独办学走向校企合作，从重重危机走向无限发展的根本条件。

第二节　建立学术中心地带，引擎区域经济发展

高校组织构建过程中要着力突出创新知识和学术中心的组织地位，从制度和组织层面推动学术知识成为区域经济发展的引擎。高校如果只从事一般意义上的知识传承，而不努力培养创新创业人才以服务区域经济发展，不具备创业教育主动与金融、企业等利

益相关者联动意识，不具备主动把创新技术转化为实用生产而服务社会的市场意识，国家就难以形成完整的高科技产业链和完备的技术创新体系，社会也难以获得可持续发展的动力。由于高新科技企业的发展需要借助高校的知识优势，高校创业教育更能判断市场经济需求的知识生产趋势和精准把握官方政策的导向，因此，处于学术中心地带的高校科研人员和教授更容易受到科技企业合作邀请并投入到技术开发、知识创新及专利转化之中。由于高校创业教育具有溢出效应，能够带动利益相关者的共同发展，也能辐射周边区域的文化和经济产业，影响区域政治发展和区域服务业的提升，从而建立起以高校科研与创业教育为主的学术中心地带。能够及时顺应技术创新潮流并回应市场需求的高校学术中心地带可能变成整个创新创业体系和区域一体化发展的核心区域。活跃的学术中心地带能够持续孵化出实用型科技知识以及把知识技术转化为市场需求的能力。在大学、企业、金融和政府等利益相关者的新型合作模式中，所有的利益相关者都在利益基础上按照市场原则联合成为一个协同创新系统，这个系统可以完成知识生产、专利转让和购买再到把知识转化为商业价值的各个环节。大学的学术研究和知识创新可以为高校创业行为源源不断地输入高端科学技术，活跃的学术中心地带使大学能够助力区域经济发展，并成为知识生产空间的关键影响要素、技术集聚空间的重要影响要素和创新创业空间集聚的核心影响要素。

在知识经济和全球化市场占主导地位的世界经济格局中，当今的大学已经开始从象牙塔走向知识生产的中心地带，从单纯的知识传承转向助力区域经济发展，积极倡导创新创业教育，参与知识成果转让甚至直接为社会提供产品与服务。高校创业教育是在科学研究和社会服务功能的基础上衍生出来的，可以为社会提供更多的工作岗位、缓解就业压力，推进技术创新和助力区域经济发展。"威斯康星精神"树立起高校为区域经济社会发展服务的旗帜，也推动高校成为社会体系中积极的利益相关者，不断地追求知识生产和科学技术的实用转化，为高校创业教育的全体利益相关者贡献智力资源，促进区域产业升级和生产力进步。高校创业教育的组织变革有助于提升毕业生的创造、创新和创业能力，有利于保障高校掌握科学技术领域最前沿的动态信息，引导教师把专业知识传授、科学研究和创业教育融为一体，激励大学生把理论知识运用到创新创业实践活动中来。

第三节　建立技术转移机制，打造技术转移平台

当今时代，创业教育风起云涌，高校相继模仿企业运营模式建立起大学科技园、创业服务中心以及技术育成中心等机构，直接承担起知识生产和技术转移职能。这些职能原本属于企业、公司和市场，高校只是间接参与。高校以技术参股的形式为中小科技创新企业提供技术支持和相关服务，在很大程度上降低了创业者的机会成本和风险概率，也促进了科学技术向生产应用的转化率。高校新型创业教育和多元化技术转移机制，为高新企业的良好发展奠定技术基础，为将来培养大量具有良好创业素养的企业家做好人才储备。华中科技大学通过为中南、华南地区高科技企业提供技术支持，不断提升大学的学术研究能力和激励大学师生的科技创新精神，并在武汉、长沙和珠三角地区发展出许多与计算机、电子产业相关的工商业体系。

高校技术与企业资金的完美结合，一方面为企业提供智力资源，另一方面也为大学师生带来丰厚的科研回报和完善的创业教育生态系统。在高校创业教育过程中，企业孵化器、技术育成中心等组织形成创新网络节点，这些创新网络节点的功能发挥，为高校创业教育支持系统提供了完善的硬件设备和高效的软件设施。大学科技园、校内创新服务中心等新型创新机构实际上模糊了大学和企业这两个利益相关者组织间的边界，在交叉区域增强了两个利益相关者博弈、互动和合作力度。高校通过技术转移机制累积了创新创业教育的管理经验，通过技术转移平台，累积了从知识生产向技术专利、再向价值商品转化的实际经验，通过科技成果和知识专利的市场化获取商业利益并形成学术资本，进而为高校创业教育提供资金支持，为师生的科研提供操作平台，为创新创业实践提供实现条件。

高校创业教育组织变革的成功既离不开"打铁还需自身硬"的扎实内功，也需要利益相关者的外部协助与合作。从创业教育的外部组织来说，高校必须与产业界、金融界和政府等外部利益相关者形成密切合作的创新联盟关系，利用"三螺旋"创新战略模型来做好做实创业教育工作，实现从助力区域经济发展的智力支持机构向具有引领产业发展方向的领导性社会机构转变。高校创业教育的内部组织演化在于建设成拥有动态决策能力和高效率的领导核心、成功激活学术中心地带、建立技术转移机制和打造技术转移平台，来实现高校或大学的科研功能、社会服务功能和创富功能。当经济的转型、社会的需求和人们的需要发生急剧变化时，高校能够及时对传统的办学理念进行相应调整，让学术追求和承诺与时俱进，将教育教学、学术研究、知识成果转化与社会服务有机融

合，通过知识生产、技术推广、成果转化，既满足了社会需求和助力区域经济发展，又进一步扩大了高校的基础研究，尤其对具有应用前景的技术集成与创新研究帮助较大，强化了研究强度和拓展了知识丰度。

各级各类高校所开展的创业教育必须厘清利益相关者的内涵与类型，将利益相关者群体对于创业教育的价值创造、关系模式、需求属性纳入到高校组织创新与变革的过程之中。组织变革与创新、利益相关者分析应当成为高校创业教育整体推进的基础。高校创业教育发展的核心竞争要素是不断提高科学研究水平，培养学生的创新能力，这也需要不断创新和变革高校创业教育的组织结构与组织运行方式。第四章系统地探讨了高校创业教育的组织创新、治理结构、行为策略等方面的问题，结合实证研究与案例研究的结果，对我国高校创业教育"政府–社会–高校–个人"多元主体、广泛参与、良性互动的组织运行机制的形成做出一定的贡献。为了满足不同利益相关者的需求及提升服务经济社会发展的能力，高等学校对大学生实施创新创业教育，并进行组织变革使之符合创业教育发展的要求。

第六章　高校创业教育组织的变革与创新
——以铜仁学院为例

第一节　创新创业教育的混合式教学改革

在"互联网+"时代背景下，教育信息化已经成为教育教学发展的一种必然，目前需要将传统的教育数字化，把网络化教学优势结合起来开展混合式教学。近几年高校创新创业教育在混合式教学改革方面也取得了一定成果，无论是理论研究或实践研究，都呈现了一种井喷之势，但是由于混合式教学在国内的时兴时间不长，无论是理论层面或是实践层面都存在着一定的不足，导致混合式教学的质量在当前没有得到极为显著的提高。为此需要对混合式教学的内容进行进一步分析。

在"互联网+"时代背景下，目前教育信息化已经成为教育教学发展的主要方式主要方向，而混合式教学模式以其独有的自身优势，也渐渐成为高校在进行创新创业教育教学改革的过程中的最重要热点之一。经过了多年的实践，我国高校创新创业教育在开展混合式教学模式改革过程中，其取得了相应的成果和经验，但是由于混合式教学在我国当前创新创业教育教学改革、教学实践时间并不长。为此，我国的高等院校在开展创新创业教育混合式教学时，仍旧面临着教师、学生等教学条件存在着准备不足这一问题，而教育教学内容也容易碎片化，导致学生在使用在线课堂时，其教育教学资源选取相对困难，教师与学生在进行情感交流时，其交流质量同样相对较差，其整体教学效果有待提升。

一、教师混合式教学准备度分析框架

在分析混合式教育教学改革时，首先要了解混合式教学准备度的分析框架及其理论

基础。目前并没有专门针对教师混合式教学态度准备的研究框架，但是在教育教学领域中却有技术接受程度的理论框架，需要结合这一框架对其进行进一步的分析。技术接受度的相关研究中较为成熟的理论模型包括由 Goodhue 和 Thompson 构建的任务技术适配模型（TTF）、Davis 构建的技术接受模型（TAM）、Ajzen 提出的计划行为理论（TPB）以及 Taylor 等人提出的结构计划行为理论（DTPB）。技术适配模型（TTF）强调了信息技术与任务需求的适配度，而技术接受模型（TAM）则主要关注对新技术的感知有用性和感知易用性。能发现计划在实行的过程中其结构计划理论、结构计划、行为理论，包括了七个不同的关键因素，无论是有效性、易用性、兼容性、自我效能等，都是与教师对全新的教育教学理念进行接收时，其接受的效果有着极为密切的关系。为了能够确保教师可以全方位地去理解相应技术，并且提高技术的整体使用效果，需要对混合式教学的准备维度进行深入分析，并且提高教师对于信息的接受度，考虑到易用性、兼容性、自我效能等各个不同方面，了解教师对混合式教学的整体态度。在分析混合式教学时也需要考虑到混合式教学是一种全新的教育教学方法，要求教师具备更为丰富的专业知识以及能力。但是目前教师在开展混合式教学时究竟需要哪些能力仍旧有待分析。当前对于教师在开展混合式教学时能力框架的分析主要有三类，从不同的角度关注混合式教学对于教师能力的要求：

第一类是教学流程视角。指的是教师在实际教学的过程中，需要做好课程准备、课程设计、课程的交互以及动机分析这四个不同维度，这一框架是相对较为具体的，但是过于微观，并且维度与维度之间存在交叉重合，很难清晰且完整地表达出教师开展混合式教学时所需要具备的能力。第二类则是教学视角的改革，在2014年时就有学者指出混合式教学，要求教师的教学能力不断提高，并且要求教师在实际教学时具备四个不同方面的特质，分别是教学理念、教学素质以及适应能力、技术能力。这一框架，其所强调的是教师在实际教育教学改革中所具有的通用素质与能力。针对混合式教学的专门特殊能力，其关注度不够。第三类，专门的能力视角，在这一角度对其进行分析，主要包括了三个核心要素和五个复合要素，其考虑的是教师在实际教育教学过程中，所面对的教学技术手段以及教学学科内容，能够为其提供更为全方位的教学评价标准，也能够增强教育教学的整体质量，教师开展混合式教学，就需要具备教学改革的基本素质以及能力，为此，将第二与第三类框架理论框架作为教师能力准备的基础研究。根据这一内容对照合适教学能力的准备度，进一步地开展讨论分析，才能够提高教师在当前教育教学的整体质量。

二、创新创业教育混合式教学改革发展框架的不同阶段

（一）教师开展混合式教学改革划分阶段

依据不同教师开展混合式教学时，其态度和能力、准备的水平不同，需要将教师开展混合式教育教学改革划分为三个不同的阶段，分别是意向期、探索期以及深化期。

第一，印象期阶段。是指教师在了解并认知混合式教学改革时，对混合式教学的有用性产生了模糊意识以及模糊的期待，这一阶段教师对混合式教学的态度是想要学习但是却不够了解，教师会渐渐了解混合式教学的易用性，并且与原本自己的教育教学态度、教育教学方式处于一种兼容性状态，但是教师在意向性期间，其对自己能否有效地使用混合式教学提高教育教学的质量抱有怀疑的态度。从能力准备上，教师会渐渐地意识到混合式教学存在的价值以及意义，并且产生出主动尝试混合式教学的勇气。教师对混合式教学，无论是从理念或是教学方法上，都会有一个全新的认知，但是无论是设计或者是真正应用混合式教学，其效果都相对普通，没有办法在短时间内得到提升，这是由于教师对混合式教学的教学能力要求，并没有极为深刻、清晰、明了的认知和理解。

第二，探索期阶段。所谓探索期阶段，是指教师在教育教学的过程中，选择混合式教学会存在一定的态度上的改变，这一态度上的改变和分析就是教育教学中的探索。教师通过一定的理论学习和实践探索，对混合式教学的了解程度得到了提升，能够更好地了解到混合式教学和传统的教育教学存在哪些区别、具有哪些优势和价值。教师对混合式教学的深度了解渐渐加深，能够帮助教师接受混合式教学在自己教育教学中的应用，并且提高混合式教学的整体质量。教师会渐渐地在使用混合式教学的过程中，初步建立了相对不稳定的信息，但是由于混合式教学在最初开展时会面对一系列的困难和问题，这也会导致教师在实际应用的过程中对混合式教学的使用效果进行重新审视和分析。在能力准备上，教师在使用混合式教学时，一定会通过不断的进行实践探索和理论学习进行分析，促使教师对混合式教学无论是理念或者是教学方法都有了自己的理解和认知，并且教师具备了能够开展混合式教学的相关能力。在这一阶段，教师可以独立或与同伴协作，开展混合式教学，并且对自己在传统教育教学过程中存在的问题进行深度的反思和改进。

第三，深化期阶段。在这一阶段是混合式教育教学改革的深化。教师在态度准备上基本能够做到从根本上认同并且接纳混合式教学，能够全方位地、客观地看待并了解混

合式教学存在的价值意义和目的。教师能够更加客观地分析混合式教学在开展过程中，对传统教学而言会带来的正面影响和负面影响。教师也会渐渐地从成功开展混合式教学中，充分建立起自己对于教育教学模式的信心，并且愿意将混合式教学融入到传统的常规化教学中。教师也能够更加熟练地建立全新的教育教学系统，做到学科融合，对混合式教学有着更加清晰的理解，同时，教师也能够熟练地掌握混合式教学中的各项实施技能，将其灵活地运用到教学中，提高混合式教学的整体质量，同时也能够对混合式教学进行极为深刻的反思和了解，确保混合式教学能够渐渐地走向专业化发展，让混合式教学可以达到可持续化的状态，改变其他时期对于混合式教学存在的不理解现象，让混合式教学的教学质量能够得到切实的改善，并且得到专业性的发展。

（二）创新创业教育混合式教学准备度的总体现状

目前通过对我国各地区高校教师在进行创新创业教育过程中对混合式教学准备态度的整体效果进行分析，能发现大部分教师对于混合式教学的有用性认可度相对较高，但是对于易用性的认可度则相对一般，说明教师对混合式教学的价值本身具有一定的认可，并且能够渐渐地了解到混合式教学的重要性。在教学能力的准备度上，由于教师自身对教学理念的了解不够，或是教师的协作能力、自我发展等都在不断提高，其准备度效果也得到了改善，混合式教学的出现，导致教师提高了自身的专业素质。在后续的自我提升与自我学习的过程中，能够真正地满足教育教学需求，同时也能够让教师进一步地提高自主教学的整体质量，切实地满足当前教育教学的实际需求。但是教师在开展混合式教学时，其对教学法知识等混合式教学专门准备度则相对较低，特别是针对混合式学科教学理论知识和实践知识的准备度处于最低的状态。我国高校教师在开展混合式教学时，其整体的教育教学水平意识仍旧处于向探索这一过渡阶段，教师在开展教育教学改革过程中，其通用能力的整体水平较高，并且渐渐进入了探索期，直接说明教师近几年在针对混合式教学改革和改进，教师在教育教学过程中也得到了有效的推进，然而当前教师在开展混合式教学时，其专门能力准备度同样较低，这是由于目前大部分教师仍旧处于混合式教学改革的时期，其专门能力态度不足，直接表达了教师对混合式教育教学的理解不够，对混合式教育教学的准备不足。特别是开展混合式教学，对很多教师而言，存在着极为明显的畏难情绪以及抗拒情绪。我国不同地区教师对混合式教学的准备度也有着一定的区别。教师能够感受到混合式教学的易用性、兼容性以及自我效能，东部地区和中部地区的教师准备度相对于西部地区而言，其在这一方面的差异性最大，而混合式教学中的有用性在东部、西部以及针对一般性教育教学改革能力均已进入到了探索期，教师对于混合式教学的通用能力，相对于西部地区而言更高。但是其整体仍旧处于一种由传统的意向期渐渐向探索期过渡的阶段。

三、创新创业教育混合式教学改革发展对策

（一）完善教学制度，加强对混合式教学理念的学习

通过大量的研究表明，目前我国高校在开展一般性教学能力改革上，已经具有相对较高的准备度。教师对于混合式教学这一种全新的学习范式，无论是在专业能力的准备上，或者是对混合式教学的整体认知度上，相比于传统教学法而言得到了提高，特别是对混合式教学法知识的认知也渐渐得到了提升，虽然部分地区对于混合式学科教学法的了解相对较差，并且对实践知识的准备度较低，但是教师针对混合式教学的准备工作仍旧在不断地提高。为此，在当前需要进一步帮助高等院校增强教师对混合式教学改革的理解，需要开设系统化课程，加强混合式教学理论学习，不断提高所有高校教师自身准备能力。对所有的教师需要做好职前培训工作，或者是针对已经在职的教师开展培训课程体系，将其纳入专门的混合式教学课程中，帮助所有的职前教师以及在职教师能够接受系统的混合式教学学习理论，了解混合式教学的规律以及教学方法。教师自身的学习方式、学习态度也影响着教师的学习观念以及学习行为。为此，在实际教育教学的过程中，应该鼓励所有的教师主动进行混合式教学的学习，提高混合式教学的整体质量，并且将混合式教学真正地融入到自己日常的教育教学模式中。我国高等院校也需要建立混合式教学战略规划，促进教师自身的态度提升。要求高等院校主动帮助教师接纳和开展混合式教学，让教师能够切实地了解到学校内部对混合式教学的战略规划，从而能够进一步地帮助教师清楚地认知混合式教学的价值，也能够激励教师更加积极地、主动地采纳混合式教育教学这种教学方式，有助于混合式教学的成功改革。教师需要从机构层面建立极为清晰的混合式教育教学战略规划，其中包括明确开展混合式教学的意义与价值，积极鼓励在学校内由教师作为表率，对混合式教学进行改革，做好教育教学的先行者，同时也需要制定混合式教学改革的系列政策。学校也需要加强机制设施建设，从学校的管理层面上分析，进行政策以及管理机制的制定，能够提高混合式教学的整体质量，这是混合式教育教学的保障，对激发教师、学生主动参与混合式教学而言具有积极的作用。学校应该做到以下几点：第一，建立混合式教学相应的制度体系，高等院校在开展教育教学改革时，首先要做的就是建立一套与这种教学模式相吻合的教育教学管理

方式。在开展混合式教学时同样需要建立相应的激励政策,如混合式教学管理的实施细则,同时也需要做好课程建设管理。例如,在课程建设的过程中,需要开展精神奖励以及物质奖励,能够从人力、物力、财力等多方面帮助教师,为教师积极地提供更多地与混合式教学方式相吻合的保障制度。第二,需要加强相关的设施建设。高等院校需要不断去调整、升级和完善当前学校现有的配置以及信息服务系统,建立综合处理和服务功能的校园多媒体教育局域网。教师可以使用网络平台,为教育教学提供全方位的教育保障,同时也需要升级相关的教学设施、无线网络等,提高多媒体的配置。线上教学使用的频率也需要不断地提升,完善线上教学的整体配置。例如,教师可以让学生使用线上教学平台,不断丰富教育教学资源等,让学生能够做到对学校这些资源的物尽其用,使得每一个学生都能够在校内场所进行有效的学习,也可以满足当前开展混合式教学的相关需求。

(二)开展混合式研修,提升混合式教学的实施能力

选择混合式教学模式,不仅仅是为了提高教师的教学质量,也是为了提高教师自身的教学能力,让教师实现理论能力与实践能力相融合,切实地满足我国当前教育教学开展的需求。目前我国高等院校教师在开展混合式教学时其整体的教学实施能力相对较低,处于向探索期过渡的临界水平。为此,教师在开展混合式教学时,应明确什么叫作知识的探索,提高教育教学的整体质量,不断地向探索期加速发展,同时需要促进理论与实践相结合,这也是教育教学中的难点。在传统的教育教学过程中,其主要集中在面授,而不是对学生自主学习能力的培养,在当前开展混合式教学所强调的是让教师在真实的教学情境以及真实性的实践活动中进行学习。为此,需要在当前建设三层学习模型,需要不断创设一个更为有效的教学情境,让教师将理论学习与经验反思、社会实践相结合,帮助教师完成由经验到格式塔,由格式塔到图示的发展理论,应该鼓励线上、线下与工作现场相结合的混合式研修,采用设计学习范式,帮助教师把混合式教学理论与自身的实践经验、真实的实践问题结合起来。在实际的行动中做好研究工作,真正地促进教师提高混合式教学的教学能力。同时也要求所有教师能够进一步地适应当前的教育教学改革方式。教师在混合式教学改革中具有极其重要的作用,这是教育教学中不可忽略的一部分,教师只有提高自身的专业素质,才能够满足当前的教学需求。为此,教师需要首先转变自身的教学观念,才能够做好示范,让学生渐渐转变自身的学习观念。教师需要根据线上教学平台中学生的实际状况,改变传统的教育教学方式,不能够直接将传统的教学方式照搬到线上,这会忽略传统教学和线上教学的区别。为此,教师要考

虑到线上教学的平台特点，学生的学习特点以及学习需求等不同的因素，开展综合性的考虑，及时地完善教育教学设计以及教育教学方法，并且转变传统的教学观念。只有教师自己能够充分认知混合式教学的优点和亮点才能够提高混合式教学的发展速度，教师需要积极地培训自身技能。传统的教育教学，存在于固定的时间和空间中，而当前开展在线教育时期，更多的是一种实时的、及时的交流和互动，两者相融合能够达到有机的互补效果。为此，教师在对自身的专业素养进行培训时，需要不断讨论混合式教学与传统教育教学之间存在的区别、两者的优势和劣势是什么，定期进行混合式教学的相关培训，或者是在校内外举行与混合式教学相关的经验交流会，能够帮助更多的教师切实地了解在"互联网+"时代下教育教学的所面对的新时代、新方法，并且针对其中存在的一系列技术问题进行解决，不断提高教师自身的教学能力以及教学质量，让教师将混合式教学更好地运用到自己的教学实践中。除此之外，还需要考虑到另外一个问题就是，有部分高等院校教师其自身的年纪较大，对他们而言学习混合式教学是一个相对较难的过程。为此，需要在这一阶段帮助更多的老教师去了解混合式教学与传统教学之间存在哪些区别，又如何在当前改变这些区别，帮助这些老教师更好地接受和理解混合式教学也能够提高高校混合式教学的整体质量。作为高等院校需要引导组建专业课程群，建立共同体，其目的是为了实现线上线下的教育教学资源共享、共建，减少相同课程不同教师各自建设的现象。作为高等院校，需要结合学校自身的实际状况，在这一基础上充分考虑到不同专业学生的特点以及学生的需求等，选用相关的国家课程资源。比如说常见的智慧树、雨课堂、MOOC等，以共享共建的形式，切实地提高课程的建设质量，推动各高校之间实现优秀课程资源的建设和共享。

（三）推动教师和学生共同对混合式教学模式进行改革

目前在开展混合式教学时，还需要不断提高学生自身主动学习的意识。教学效果不仅仅取决于教师自身的态度、能力，还取决于学生自身的学习效果以及学生学习的积极性和主动性。为此，在当前需要构建教师与学生的实践共同体，切实提高混合式教学的整体使用效果。我国高校的教师对混合式教学的教育教学改革过程中，阻力不仅仅来自教师的守旧，也来自学生在使用混合式教学模式时，学习质量相对较差。为此，需要共同对其进行改革，才能够提高日常教学的兼容性。在开展混合式教学时，帮助教师和学生提高自我效能，改变学生传统的学习态度，需要从消极的态度转化成为积极、乐观的态度，帮助教师的教学态度由传统的意象期不断向探索期迈进，使得教师更愿意将混合式教学用于日常的教学中，更能够提高混合式教学的整体质量。作为学生，则需要充分认知混合式教学对当前教育教学改革所带来的优势,并且积极主动参与到混合式教学中。可以通过以下两种方式提高混合式教学的整体质量:

第一,在线创建学习氛围,可以激发学生的学习兴趣,让学生积极主动参加学习小组。例如,教师可以针对某一个课程开展在线小组讨论,能够让学生自主进行学习小组的建设,针对同一问题进行分析和思考,通过学生与学生之间的沟通,增加学生的团结,同时也能让学生产生学习的兴趣,让学生改变在传统教育教学中的学习态度,同时也可以增加学生在线交流的时间,让学生拥有更好的在线学习体验,改变过去一味地接受教师讲述知识这一传统的教学方法。通过良好的教育氛围以及教育教学知识,能够有效解决问题、改善问题。第二,需要帮助学生充分地认知混合式教学所蕴含的独特优势,在传统的教育教学课堂中,学生已经习惯了教师讲述、学生听这一教学模式,而混合式教学则需要改变传统教育教学这种教学弊端,要求学生能够充分地利用网络学习资源,进行线上学习,学生可以根据自己所学习到的知识,进行个性化的补充和学习。线上学习不再是传统线下学习的教学补充,而是在"互联网+"时代下教育教学改革过程中的必经之路。为此,在当前需要帮助所有的学生充分认知混合式教学的重要性以及混合式教学所蕴含的独特优势和特点,才能够让学生自主地进入混合式教学中,并且改变自己传统的学习态度,提高学习的主动性、积极性,通过教师和学生的共同努力,提高混合式教学的整体质量,既可以帮助教师提升准备度,同时也可以改变传统教育教学的弊端,切实地让混合式教学成为当前教育教学改革中一个不可忽略的组成部分,帮助高等院校增强学生的学习效果。

综上所述,尽管近几年我国在创新创业教育过程中使用混合式教学模式仍旧存在着一定的不足,但是混合式教学模式在我国未来发展前景可谓是尤为光明。无论是学校、教师或是学生、家长等,都积极参与到混合式教学模式中,能够配合大数据、互联网,改革混合式教学的整体模式。目前混合式教学也是我国创新创业教育教育教学方向的大势所趋,只有坚持传统教学与线上教学有机结合,做到两者相互渗透、互为补充,才能够提高当前教育教学的整体质量,满足教育教学的实际需求,切实提高我国创新创业教育混合式教学的整体质量,能够充分地利用混合知识教学,鼓励学生进行自主学习,并且提高高校创新创业教育教学改革的整体质量。

第二节 高校创业教育的路径优化

高校创业教育工作是一个长期的、多方利益相关者组织之间共同协作的过程，既需要国家层面的顶层设计和宏观政策指导，也需要高校及其他利益相关者组织在微观解构和具体落实方面下功夫。目前高校创业教育的路径优化主要从三个层面入手：宏观的国家建设、微观的高校管理和中观的社会制度。

一、宏观的国家建设层面

创新型人才是现代化国家建设的内在驱动力，高校创新创业教育的根本目的就是为国家建设培养具有创新意识和创新能力的创新型人才，这关系到社会经济的全面、可持续发展。发展创新创业教育为建设创新型国家奠定人力资源基础，国家以创新型人才培养作为带动经济社会持续发展的源动力，利用科技创新、人才创新来促进经济发展，增强国家核心竞争力和综合实力，在全球经济竞争链条中处于相对高位。

因此，想要高校创新创业教育工作尽快取得实效，就需要国家完善公共政策支持，构建创新创业政策体系；需要强化战略科技力量，建设好大学生创新创业教育服务平台，强化对校企合作创新的支持，促进高校知识生产和科技成果转化；需要充分发挥国家媒体优势，正确引导社会舆论，正面宣传大学生创新创业的政策和信息，激励大学生的创新精神，颂扬大学生创新创业事迹，引导大学生对创新、创业和就业的价值情感倾向。具体来说，国家层面应该以教育部为主体，从以下三个方面推动高校创新创业教育改革：一是狠抓政策落实，使创新创业教育在各省各地区的各层级高校中落地、生根、发芽和成长；二是以赛促创，在全国举行声势浩大的中国"互联网+"大学生创新创业赛，使创新创业大赛成为高校创业教育改革的重要载体和大学生创业能力得以锻炼的重要平台；三是以创新创业理念来推动我国高等教育人才培养模式的创新和改革，在素质教育中融入创新创业教育新元素，通过创新创业教育的"破壁效应"打破学科专业壁垒、校－企壁垒、校－社壁垒，实现交叉学科渗透融合、社会资源整合、校内外协同。从国家宏观层面培养大学生"敢闯会创"的创新素质，开辟新时代大学生素质教育的新途径，为当代大学生释放青春、奉献社会、服务国家提供新舞台，为世界创新创业教育提供中国模式和中国路径。

二、微观的高校管理层面

高校作为创新创业教育工作的具体承担者，是实施创新创业教育改革的主体单位，要积极携手创业教育的利益相关者组织，齐心协力、合作互动、整合资源、强化自身优势，积极构建和优化大学生创新创业教育工作路径，千方百计激发大学生自觉学习创新创业知识并内化于心，主动认知创新创业教育并提升创业能力，树立正确的创新创业价值观并努力践行。高校创新创业教育的行为调适策略最终体现于创新创业教育的路径优化，如图6-2所示。

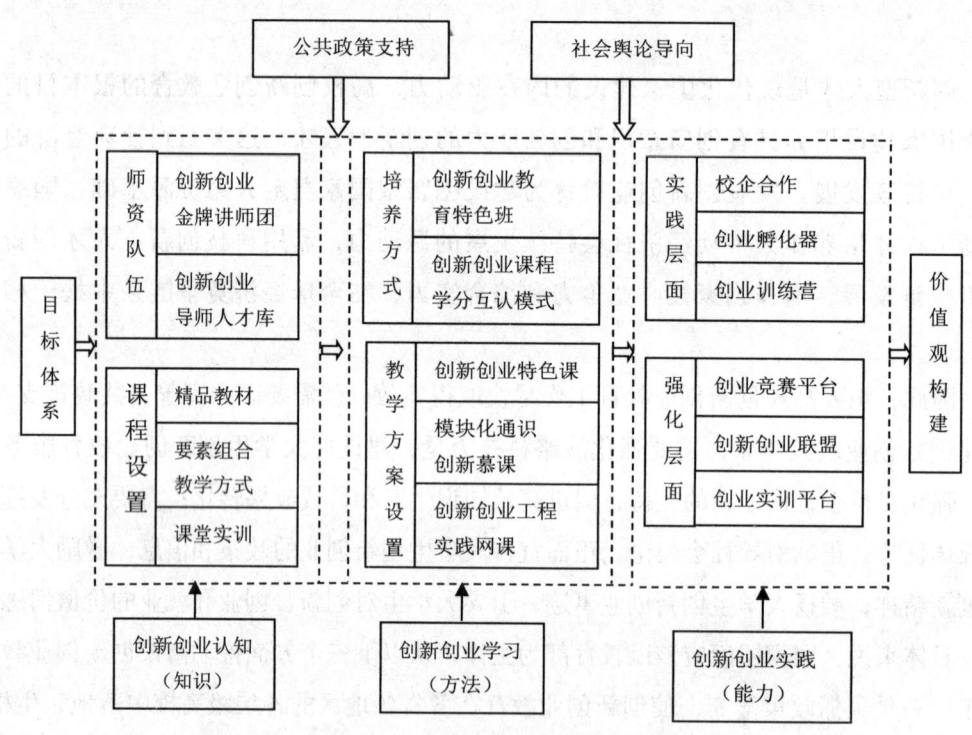

图 6-2　高校创业教育路径优化图

第一，构建合理的目标体系。习总书记多次强调，要从供给侧入手进行结构性改革，加大人才培养力度，不断提升人的综合素质，强化企业的创新能力，加快建设创新型"智造"大国。大学生有理想、有朝气，必须肩负万众创新之大任，全力扛起大众创业之大旗。高校应该抓住时代机遇，坚定不移地引领大学生走向创新创业之路。高校人才培养应该侧重创新能力和综合素质方面，改变陈旧的数量观念，注重质量建设，以

"供给侧结构性改革"为动力和契机，推进高校创业教育的模式创新和路径优化，这不仅是落实十九大的会议精神，更是大学生重塑就业择业价值观、拓展事业的现实需要。高校创业教育的目标体系应该是动态变化的，随着时代进步和社会发展而提高，创业教育的组织结构、策略分析和行为调适也应随之复杂化、动态化。高校创业教育要立足于自身的办学条件，注重人才培养目标的多元、多维度，优化创业教育师资结构；重视课程体系的多层次、多类型，努力将学生培养成具有创新精神创业能力的"能人"。一方面，以"通识"类创业课程的课堂教学向大学生普及创新创业知识，通过言传身教灌输创业理念，用成功案例激励学生的创新精神、创业意识和提升学生创业品质。另一方面，通过校企合作提升大学生的实践能力，激发他们的创业兴趣；鼓励大学生参与校园模拟创业，通过丰富的创业实习过程和创业管理体验，帮助应届毕业生进一步熟悉创业流程和提升创业管理技能，为其毕业后更好地适应激烈的市场竞争做好预演，以更好地满足社会需求。

第二，深化创业教育利益相关者组织间合作互动，协同培育创新人才。高校创业教育工作是新时代的新任务，涉及政府、金融、企业、家庭等多方主体因素，需要各方利益相关者深度融合，才能保障创业教育工作的顺利开展。高校创业教育的发展离不开国家的政策支持和舆论引导，需要金融业的货币支持，企业的实习指导和家庭教育的引导。高校可与企业合作创立创业教育培训机构，开设模拟创业课程，通过专业的模拟创业培训，让大学生在创业实践中更新观念、学习新知识、掌握创业技能、积累创业经验，熟悉市场环境和明白创业教育的意义。

第三，优化高校创业教育师资队伍。学校专职理论教师与企业兼职实训导师相结合的创业教育高素质师资队伍是高校创业教育初期阶段成功的关键因素。聘请成功企业家和经验丰富的企业高管担任兼职创业导师，可以弥补本校专职教师创业经验的缺乏，也可以通过耳濡目染来提高其创业理论水平，开拓其创新创业思维，增强其实践能力，进而提升创新创业教育整体水平。专兼职教师结合的同时，高校可以把创业教育教学专职教师派到企业挂职培训，让他们深入企业把理论知识放到实践中锤炼，得到实战经验后就能更好地为创新创业学习的大学生传道、授业和解惑。高校教师是创业教育的中坚力量，只有提高他们的创业实践技能，建设一支既具有冒险精神又有风险防空能力，既具有创业理论知识又有创业实践能力的教师队伍，才能更好地开展创业教育工作。此外，可以通过人才引进和资源共享即高校间共用创业教育教师，从而形成"互帮互助"的资源分享模式，有利于节约教育资源，实现创业教育的整体发展，提高创业教育的资源利用率。

第四，完善创业教育课程体系。完善的课程体系有利于更好、更快实现高校创业教育目标。依据"创新型"人才的培养目标，以企业需求、国家标准和经济需要为出发点，规划并完善创业教育课程体系，根据教学内容来合理地划分课程板块划分为通识公共课程、专业模块课程和技能培训课程等，强化课堂教学、业余学习和企业实训相融合的创新创业教育教学模式。首先，需要增加公共基础课学时，充分介绍创业教育基本常识与基础理论，加深学生认知，掌握创新创业的基本方法，强化学生创新创业能力的基本素养。其次，需要将创业教育与课程教育有机融合，在突出课程教育专业优势的基础上，在课程教学中融入创新创业知识点，以此来陶冶学生的创新创业情操，把学生的创新意识内化于心，创业能力形成于"润物细无声"之中。最后，需要加大技能实训、企业实习在创业教育教学中的比重，强化实习能力考核和实训技能考查，探索以学生择业爱好和市场需求为培养方向，以创新创业技能为培养重点，将课程教学与技能实训相结合的教学模块纳入高校创业教育课程体系，使学生能学以致用，直接增强学生的创业意识和创新素养，提高学生的创新能力和创业技能。教材是创业教育课程设置契合经济社会发展的桥梁和载体，高校应该依据国家标准、区域地方经济发展需要和学校办学特色相结合的原则选择或编写适合本校学生实际的教材，并与时俱进地适时更新教材内容，使大学生能够接触前沿性的创新创业教学内容，掌握符合时代要求和社会需要的创业技能，从而实打实地提升大学生的创业能力。

三、中观的社会文化和制度层面

高校创业教育理应是一种在社会、经济、文化、政治大环境下，持续进行人力资源教育和社会价值教育的活动，这种教育活动必须具备时代前瞻性和社会战略性，通过不断发现和利用新机会、新方法来传播社会价值并实现社会教育战略目的。高校创业教育应该努力创新教育策略和调试教育行为以与社会需求高度契合：①以社会责任作为高校创业教育的导向；②高校创业教育应该采用市场运作模式，使大学生提前认识和接触社会大市场；③高校创业教育应该向大学生贯彻社会价值观，即任何创业活动都应该在追求经济效益的同时兼顾社会效益，创业的首要目的应该是为社会创造价值和解决社会问题。高校创业教育契合社会需求可以从三个层面去理解：一是从高校创业教育目的来讲，契合社会需求意味着高校创新创业教育并非只针对某个地理区域或某个行业领域。高校创业教育是我国创新驱动战略的人才摇篮，是建设创新型国家伟大目标的战略组成部分。创业教育目的是为了实现全民小康、百姓幸福、民族复兴和国家强盛。二是从高校创业教育对象来讲，不仅包括在校大学生，教育对象也可以涵盖中小企业家、众多创业者群体，也包括全体社会公众中的任何个体或群体。也就是说，高校创业教育面向全体利益相关者，需要充分激励他们的创新精神、培养他们的创新思维和创业意识，调动他们创新创业的主观能动性。三是从创业教育影响来讲，万众创业能带动社会整体就业水平的良性提升，推进社会各行各业的转型升级，从而使我国在风云变幻的世界大格局中迅速提升影响力和竞争力。

因此，营造合适的社会文化氛围和构建合理的社会制度体系是高校创业教育工作有序开展、高效成长的保障，也是大学生创新创业价值观得以形成和成长的社会基础。任何一种价值观如果缺乏它赖以成长的肥沃土壤都难以长久生存。高校创业教育的土壤就是社会文化和社会结构制度，没有社会文化的承认和社会结构的制度保护，无论国家如何大力提倡，无论高校自身怎样推广，都难以成为年轻大学生和社会其他成员普遍信奉的价值原则。社会文化和社会制度能够促使大学生创新创业价值观的程序化、规范化和永续化。只有通过传统社会文化的融洽和体系化社会制度的建设，才能使大学生创新创业价值观潜藏于心、彰显于行和固化于制；通过文化激励和制度规约，可以促进大学生学习和践行创新创业价值观。

这些都是高校为应对创新创业教育而采取的一般性应对措施，主要从学校自身发展和建设角度考虑问题，较少考虑众多利益相关者。但我们也亟需从理论层面将利益相关者的分析纳入高校创新创业教育的分析框架之中，探讨和分析高校创新创业教育过程中各利益相关者的博弈与竞争、合作与互动，以及由此带来的高校创新创业教育良性可持续发展。下面以铜仁学院为例来探讨高校创业教育组织的变革与创新。

第三节　铜仁学院创新创业教育的变革和发展过程

铜仁学院是一所普通的地方本科院校，位于有"中国西部名城"之美誉的贵州省铜仁市，坐落于梵净山麓、锦江河畔的碧江区川硐教育园区，占地750亩，拥有全日制本科学生近9千人。学校规模不大，学生人数不多，但学校近年来坚持"小而精"特色发展之路，进入高速发展期。

图 6-3　铜仁学院全景图

铜仁学院的前身是铜仁师范高等专科学校（如图 603 所示），由铜仁师专和铜仁教育学院合并而成，由于其师范属性及其他原因，学校原来并不特别重视创新创业教育，创新创业教育一度陷入困境。具体表现在：首先创新创业教育管理机制不完善，缺乏统一的管理，开设的课程零散不一、不成体系。创新创业教育主体各自为营、因利益分歧缺乏系统协调行动，各二级学院自行开设创新创业教育课程，没有规范一致的学科定位和门类归属。课程体系的不统一，导致创新创业教育与专业技能教育脱节，未能相互渗透和有效融合；管理机制的滞后，导致校内资源与社会资源相分离，学生的理论知识无法融入社会实践中去磨炼。其次，学校创新创业教育专职教师匮乏，缺乏具有企业经验的"双师型"创业导师，学校一般情况下都是安排行政人员或辅导员担任创新创业课程教育，或者安排缺乏创业实践的社科类教师讲授创新创业教育理论知识，有理论无实践，无法真正有效地推进创新创业实践。此外，学校的创新创业教育缺乏社会支撑：一方面，当时的贵州省和铜仁市政府及教育主管部门也没有实质性的措施支持创新创业教育，只下发纲领性文件，无应用性配套措施，对学校创新创业教育的帮助甚微；另一方面，创新创业教育资源来源渠道狭窄，缺乏企业项目和金融界资金的支持，政府与学校微薄的项目或资金难以撑起创新创业教育的有效开展。

自从铜仁学院升格为本科院校并搬迁到川硐新校区以来，明确"高水平应用型大学"的办学定位，主动适应区域经济社会发展的需要；狠抓落实创新创业教育，成为国家"十三五"产教融合发展工程项目建设高校，荣获黄炎培职业教育奖——"优秀学校奖"；依托"梵净·服务发展"的办学理念，突出学校的社会服务功能。

学校实施了创新创业教育组织变革与创新，专门成立了协同创新中心，在从事武陵民族生态文化保护和旅游开发的同时，深入推进产教融合、校企合作，组建了产教融合创新发展联盟，与各区（县）政府、大龙经济开发区、大兴高新技术产业开发区及多家行业企业建立了紧密的合作关系，开展了有效的项目合作，形成了"引社会服务之水，灌人才培养之田"的创新创业人才培养与社会服务融合模式。铜仁学院从厘清学校创新创业教育的现状和问题入手，合理分析、把脉诊断，在战略高度予以重视，从坚持原则、遵循规律和优化路径三个战术维度来围绕创业教育展开治理结构的变革和行为调适策略，进而推动创业教育工作的持续和良性发展。

一、坚持高校创业教育的基本原则

正确培育大学生创新创业观是高校创业教育的基本原则，是开展高校创业教育工作的基础，也是提升工作实效性的前提条件。铜仁学院在开展创新创业教育中坚持了以下几个原则。

（一）立德树人结合协同育人

习总书记多次强调，立德树人属于基本教育，是各级各类学校教育的中心与重心工作。高校创业教育就需要深化教育体制改革，破除大学生的四"混"（混分数、混文凭、混毕业和混奖项），纠正不科学的教育评价制度，扭转有瑕疵的评价导向，将立德树人作为培养人才的第一目标，构建合理有效的大学生创新创业观。首先要坚持问题导向，将"立德"理念融入创新创业教育的"树人"实践中去，使创新创业观内化于大学生的日常学习和生活之中。其次，要将"三全"教育融入大学生创新创业观培育过程之中，要充分意识到创新创业教育对国家强大、民族复兴和促进社会发展的重大意义，对大学生成长和发展的意义。创新创业教育是国家发展之根，需要个人、家庭、社会及一切利益相关者组织间的协同合作，共同承担起培育大学生创新创业观之大任；创新创业教育是民族振兴之魂，培育大学生的创新创业观需要从专业教育、思想教育、社会引领、家庭熏陶等多方面入手营造好高校创业教育的大环境。

（二）以发展为本与以人为本相结合

党的十九大报告提出，国家强大和民族复兴需要依靠人的发展，即全体公民的全面发展，尤其是青年大学生的全面发展。马斯洛的需求层次理论认为，人的需求可以分为多个层次，需求决定发展，因此，人的发展也是多维度、多角度和多方式的。人们在满足自身需求的同时实现了自我价值，在不同层次的追求中获得了个人发展，也对国家和社会做出应有的贡献。因此，高校创业教育也应该以人为本，从大学生需求着手，将个人发展、社会需求、国家价值有机融合，并最终落实到训练大学生的创新思维、创造大学生创业的条件、强化大学生的创业意识和能力等全面素质上来。通过创业教育，培养大学生全新的创新创业观，指导、支持和帮助他们实现快熟成长、卓越发展和全面升华；突出以人为本，在创新创业教育过程中，突出大学生的自立、自强和自律性，教育他们正确对待创业和择业。

二、遵循高校创业教育的客观规律

大学生对创新创业理论的兴趣和认知会随着入学时间的推移呈现规律性波动，如图 6-4 所示）。在图 6-4 中，横轴 T 代表时间，纵轴 I 代表学生对创新创业观的兴趣和认知度。大一学生入校时刚接触创新创业教育，兴趣和求知欲快速增长，对创新创业的认知度在大二期末时（T_1）到达一个峰值 A 点，然后在大三整个一年期间 (T_1-T_2) 开始滑落至 B 点，但随着毕业季节的到来，大四学生对创新创业的兴趣和认知又重新开始快速增长。这一过程表明了大学生对创新创业的兴趣和认知是起伏波动，有规律可循的。在社会主义新时代，社会更复杂、更多元化，面对新形势、新特征、新矛盾和新需求。

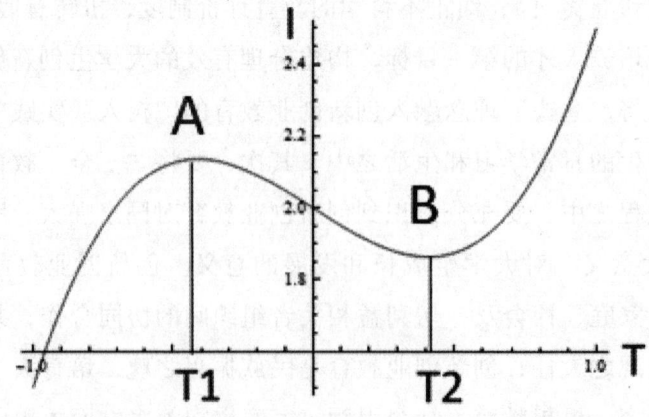

图 6-4 大学生对创新创业的兴趣和认知波动规律图

铜仁学院创业教育工作既遵循大学生对创新创业的兴趣和认知规律来安排教育教学，也适应社会主义新时代创业教育工作的特点，坚持营造具有创新精神的校园文化，长期熏陶、潜移默化，让铜仁学子在"春风化雨，润物无声"中接受创新创业教育。

（一）理论与实践相结合的规律

高校创业教育实际上也是一种价值观即大学生创新创业观的培育过程，在这一过程中，创业教育组织的治理结构变革及其行为调适策略需要符合发展规律。创业技能和创业行为则需要在实践中磨练，突出社会现实性。鉴于此，铜仁学院的创新创业教育无论是在治理结构变革方面还是行为调适策略方面都遵循了理论与实践相结合的客观规律，努力为大学生们揭示创新创业规律，尽可能支持和鼓励大学生参与创新创业实践。社会创业的真实过程是："以新项目的选择为出发点，以项目的成活为落脚点。"因此，铜仁学院的创业教育很好地坚持了以理论教育即课堂教学为起点，实践教育即创业过程和创业成功为终点，课程教育内容则围绕"揭示两点之间的客观规律，解决两点之间的实践问题"来实施，坚持与企业、金融和政府等利益相关者组织间的合作和互动来协同完成整个教学任务。

（二）继承与创新相结合的规律

高校创业教育的内核有其历史传承性，既能从中国历代儒商借鉴创业经验，继承中华民族文化中的精髓如务实应变、理性自强等传统价值标准；高校创业教育有其时代特征，学校需要把时代精神和创新创业精神融入高校治理之中，将创新教育融入高校战略规划之中，将创业教育融入专业教育和国际教育规划之中，借鉴欧美发达国家在创新创业教育方面的经验。因此，铜仁学院的创新创业教育既把握好其历史发展背景，也非常注重学习欧美发达国家及我国发达地区创业教育的经验，做到继承中有创新、创新中有继承，螺旋上升，与时俱进。铜仁学院在积极推进创新创业教育工作中取得了卓越成效。创新构建了"明德印记"思政工作体系和"山"字型人才培养模式，形成了立足黔东，面向全省，辐射武陵，适应区域经济社会发展需要，人格品质健全，专业知识坚实，技术技能较强，具有创新精神，拥有国际视野，具备"厚重·灵性·担当"的大"山"品格的应用型人才培养目标定位。现有国家卓越农林人才教育培养计划专业1个（农村区域发展）、国家级民族文化传承与创新示范专业1个（视觉传达设计）；贵州省区域一流培育专业1个（园林）、贵州省卓越人才教育培养计划专业4个、贵州省专业综合改革试点专业6个、贵州省特色专业2个、贵州省一流本科专业建设点5个（学前教育、英语、园林、农村区域发展、视觉传达设计）；国家二级师范认证专业 1 个（美术学）；建有贵州省实验教学示范中心 1 个、省级辅导员工作室（黔黔辅导员工作室）1 个、贵州省大学生创新创业训练中心 1 个（铜仁学院食品科学与工程大学生创新创业训练中心）。近三年来，铜仁学院承担省部级教学改革项目及产教融合项目 52 项；国家级大学生实践创新训练计划 101 项、省级 194 项。

三、广谱式教育与特色化教育相结合

　　创业教育的理论研究最早起源于欧洲国家，但创新创业教育实践探索则兴起于美国，1947 年哈佛大学开设"新企业的管理"课程，拉开了创新创业教育的序幕。相比较而言，我国的创新创业教育在 20 世纪 90 年代才开始起步，远远晚于欧美。正因如此，我国高校在发展创业教育过程中，尤其要注重创业教育策略分析和教育行为调适，积极探索全新教育理念和教育模式，以求创业教育实践与经济社会发展高度契合。近年来，国务院和教育部多次强调，创业教育务必面向全体在校大学生甚至全社会，融入高校各专业各学科、覆盖人才培养全过程，同时，各高校应该因地制宜、顺应地域经济和民族文化特点因校而异、因人而异地开展特色化创业教育，从而为高校创业教育确立了"广谱式"与"特色化"相结合的政策导向。

　　这一政策导向主张将创业教育纳入高校教育教学主渠道，融入人才培养的每一个环节，把握不同地域、不同层次大学生的特点开展各具特色的创新创业教育。既坚持创新创业教育对象的广泛性与普及性，使之惠及每一个在校大学生；又坚持教育方法与手段的个性化、特色化，因材施教、因人而异，着力增强学生全体的创新意识、激励学生群体的创业精神和提高学生个体的创业能力，这是一场具有时代意义和革命色彩的教育大改革。首先，它强调创业教育的实效性，把素质教育的精神理念和专业教育的行为方法有效链接，既能避免把创业教育"窄化"为职业教育或就业教育，从而失去广度；又能防止创业教育被无限地"泛化"为素质教育之"极端"，从而失去特色。创业教育为学生培育创新精神与创业价值观、普及创业知识与技能、阐释创业过程与风险。其次，它注重创业教育的融合性，把创新创业教育与职业发展教育及就业指导教育有机融合，进而实现"创新化引领职业教育、职业化带动就业指导"。再次，它追求创业教育的贯通性。创业教育旨在全面提升人力资源素质，与素质教育一脉相承，既深度契合素质教育的全面性和长效性特征，又有效避免素质教育的无限延伸和极端蔓延。每一所高校都应该根据自身的办学定位，在发展中培育"创业型"特色，进而凝练校本特色；立足学生

本位，更新教育理念，强化创业实训训练，凝练学生特色；立足因材施教，实施差异化教学，凝练层次特色。

第四节　总结经验，优化高校创新创业教育的路径

从铜仁学院创业教育发展的案例经验及欧美发达国家及和我国发达地区的创业教育经验可以看出，提升高校创新创业教育效率和拓展创新创业教育受益范围都需要进一步加强利益相关者互动关系网络系统建设。在权责一致的原则下，创业教育利益相关者应该遵循契约精神、民主决策、协同育人、优化协同模式等创新创业教育的组织原则。

一、坚持共同参与的民主决策理念，设立由全体利益相关者共同参与的民主管理组织机构

这种组织机构应该致力于疏通利益相关者利益诉求的渠道，使他们的价值诉求途径畅通无阻，利益格局失衡现象得以纠正，为解决高校创新创业教育诸多问题提供基础条件。高校创新创业教育能否在复杂多变的现实社会中披荆斩棘、克难前行，主要在于其组织者和管理者能否精准辨识利益相关者的价值诉求；能否统筹兼顾、条分缕析地协调各个利益相关者之间的复杂关系；能否应对问题，化解矛盾，让利益相关者团结一致、齐心协力、愿意并乐意参与创新创业教育实践，从而实现利益相关者"齐心协力、共同参与、协调关系、民主管理、合作共赢"的良性局面。这种组织机构的宗旨应该是协调各方关系，努力培养、维护、促进高校创新创业教育利益相关者参与创新创业教育的程序正当性、资源合法性和风险共担性，具体路径是在组织架构上强调各方参与、均衡博弈，制度设置上强调民主决策，以确定所有的利益相关者拥有合法参与创新创业教育管理和实践活动的资格条件；在职能分工上强调权力责任对等，在效益分配上强调贡献与收益匹配，以明确利益相关者合理分享创新创业教育效益的权利；在活动开展上强调共同参与和协调合作，在信息沟通上强调互通有互和有效反馈，以激发利益相关者参与创新创业教育实践的积极性，不断拓展利益相关者层次，扩大利益相关者群体，促进"潜在型"和"预期型"利益相关者向"确定型"利益相关者转化。从内部管理而言，这种组织机构可为创新创业教育的顺利、高效可持续开展提供源动力，使得高校创新创业教育管理由学校行政领导垄断模式转向利益相关者共同参与、多维度合作、民主管理模

式；从参与方式和渠道来说，这种组织机构可为外围利益相关者提供多元化参与方式和渠道，从而保护外围利益相关者的正当诉求，使组织内外的利益总量增质增值。

二、依据以人为本和权责一致原则，完善高校创新创业教育内部运行机制

如前所述，在高校内部的运行机制中，教师、学生和管理人员等利益相关者群体对创新创业教育表现出不同的价值诉求，各自通过不同的渠道以不同的方式正向推动或反向制约着创新创业教育实施和发展。高校创新创业教育需要健康、有序和可持续发展，就应当学习现代企业制度，积极探索构建权利和责任对等，义务与利益相当的现代创新创业教育模式，应当以人为本，尊重教师、学生及行政管理人员等各方利益诉求，理顺关系，化解矛盾，积极完善高校创新创业教育的内部运行机制。具体而言，可从以下三方面入手：一是要崇尚人本精神，建立和健全多渠道、多方位利益诉求表达机制，重视教师、行政管理人员和学生在创新创业教育实施和发展过程中的多层次、多阶段、多方位的利益价值诉求，尽可能激励学生刻苦钻研、创新构想、自主创业并为之创造条件，实施"人本、创新"而非"物化、工具"的创新创业教育；二是要坚持"客观务实"的创新创业教育方法论、建立多元化利益实现机制，不仅要维护学生、教师及行政管理人员等的正当利益，还要顺应天时、地利、人和等因素，尽可能做到合理运作、有效制宜，充分调配好各种教学资源，增进创新创业教育的持续性、灵活性和务实性，实施"广泛性"而非"典型性"的创新创业教育。三是要探索"循环利用"的创新创业教育模式，把"高校创新创业教育"当作一个可以循环推动的创新创业项目而非一种教育行为来进行探索，从企业角度来考虑创新创业教育的"资源投入"和"产品产出"分析。高校开展创新创业教育，除了能促成学生的创业项目、人才培育等"显性产出"之外，创新创业教育实施过程中所产生的经验积累、市场信息、商业创意、创业思路和失败教训等，也是重要的边际产出，可以称之为"隐性教育产出"，应当将"隐性教育产出"化为新一轮创新创业教育的重要资源加以循环利用。实施"循环利用型"而不是"单向输出型"的教育模式，使高校创新创业教育能够"以教养教、以育培育"，得以实现积累递进、循序渐进、永恒可持续发展。

三、弘扬契约精神，建设好创新创业教育外部支撑体系

美国学者多纳德逊提倡企业应该遵循"综合型社会契约"即企业在追求自身利益的同时还要按照契约精神去努力维护所有利益相关者的利益。按照这种观点，创

新创业教育能否持续发展，取决于能否严格履行创新创业过程中与外部环境所达成的各种契约，换句话说，创新创业教育推进者不能只关注教育目的本身的实现，还应当弘扬契约精神，全力推动所有相关利益群体正当合法权益的实现。为此，一是要在相关法规基础上以合约形式明确创新创业教育利益相关者的合法权益，政府部门应该退出创新创业教育具体活动，而是从宏观方面调控、保障和引导创新创业教育，因地制宜地制定符合大学生实际的创新创业支持政策，支持、监督和评估高校创新创业教育实践活动，使相关利益群体能明确自身在创新创业教育实施过程中的责、权、利。二是想方设法扩大创新创业教育的"共生利益场"，即通过利益相关者之间以信任、合作和互利为基础的各种商业活动来拓展大家共享的利益空间场域。利益相关者之间的各种合作交流及良性竞争能够有效推动各种资源要素的流动，进而创造新的利益共生和合作共赢渠道。例如安排大学生去中小企业实习实践，在发挥理论专业知识和积累实践经验的基础上从事创新创业活动，并把大学生"首次创业"与中小企业"二次创业"（即企业技术改造、企业市场拓展等）有机融合，学生与企业各取所长、合作共赢、各得其所。三是要以创新的思路、健全的制度、灵活的方法去协调和化解利益相关者的潜在矛盾甚至利益冲突。高校应当依据专业设置、办学特色并结合当地社会经济发展需求，引导大学生尽可能走创新型、科技型和智慧型创业道路，使其学业和事业浑然一体、相得益彰，从而为社会创建更多新型企业，开辟市场新空间，提供更多就业岗位，带动区域经济健康发展。大学生创新创业活动可以从理论层面推动中小企业管理创新，从技术层面促进中小企业的技术革新，并避免在低技术层面与中小企业形成恶性竞争，有效协调和理顺利益分歧，求同存异，尽可能把利益相关者之间的潜在矛盾消弭并化解于无形、无声之中。

四、协调多方诉求，建立利益相关者协同育人机制

高校创新创业教育需要多元化的参与主体，必然会牵涉到各方面的利益相关者群体。学校是创新创业教育的具体执行者，学校师生是主要内部利益相关者，政府和企业则是最大的外围组织主体和利益相关者。创新创业教育工作的顺利开展，需要多方明确定位，利益相关者明白且亮出各自的观点和利益主张，再在此基础上求同存异，在博弈中合作，在合作中博弈，逐渐摸索出既能保持适度竞争又能满足利益相关者各方利益诉求的协同育人机制。这就要求高校、政府、企业保持沟通、明确诉求和弥合分歧，在为

国育才的共同理念下整合资源、形成合力、协同育人机制，共同吹响高校创新创业教育的协奏曲。

第一，凝聚共识、融合目标，推进三方协同。政府、高校和企业关于创新创业教育基本立场是一致的，都是为国育才，但各自的具体目标、利益诉求和需求导向并不完全一致。政府大力倡导创新创业是出于国家政策目标，为了推动经济社会的转型发展、可持续发展，实现人才强国、创新兴国战略，解决大众创业和充分就业等民生问题，重视社会公益与社会稳定；高校全面开展创新创业教育是为了多元化人才培养和多渠道人才输出，以培才育人为中心；企业积极参与创新创业教育是为了获得人才红利，利用高校知识创新优势寻求技术支持并解决企业的生存和发展问题，有效提升企业核心竞争力。由于目标和需求不完全一致，政府、企业和高校在开展创新创业教育工作时力度上有一定差异、步调上也不完全统一。譬如，一些地方政府大力投资众创空间、企业孵化站等，但并未寻求当地大学的智力支持；校企合作与产教融合的口号很响，但实际上，企业兴趣寥寥。即使校企双方开展有限的合作，如共同设计创新创业课程，学校在企业建立实训基地供学生顶岗实习，企业选派管理人员或员工去高校接受创新思维培训等，大多还停留在初级层面的形式合作，并无实质上的深度合作。如果开展"政－企－校"深度合作，在宏观方面，需要协调目标理念的三方一致性，在差异中融合出共同目标点。政府需要高素质创新人才，企业需要实用性技能型人才，高校需要培育满足社会需求的各类各层次人才，三方目标理念可以融合为"提升人才质量"，围绕这个融合目标，三方协同发力推进创新创业教育的内涵发展。微观层面，地方政府在具体政策制定过程中，可以适度引入高校教师和企业顾问共同参与，结合当地大学人才培养的实际情况和行业企业的实际需求出台创新创业方面的可操作性具体政策，对高科技创新创业项目给予适度财政扶持，为高成长性项目预留政策空间，从而提高地方政策的针对性和有效性；高校作为创新创业教育的具体组织和运行者，应该发挥"海纳百川，有容乃大"的精神，在人才培养过程中结合政府的人才发展战略和了解企业的人才需求，吸纳政府、企业及社会各方面的力量，创新人才培养模式，提高人才培养质量；企业应该深度参与当地高校的人才培养方案设计，积极参与创新创业人才培养过程，把自身需求融入高校人才培养中，企业顺势而为获得高质量人才以推动自身的高度发展。

第二，优化协作模式，实现合作共赢。作为创新创业教育利益相关者，政府、高校、企业及其他利益主体的协作模式主要有三种：一是政府参与协调模式。这种模式强调政府的媒介作用，利用政府的特殊地位切实发挥多方协调作用，整合资源、弥合分歧，关照多方利益相关者的合法利益，建立常态化协作运营机制。也就是说，政府要主动牵线校企合作，或鼓励其他利益相关者与高校合作，协调合作双方的关系，建立和健全激励机制，对参与创新创业教育合作或产教融合的企业及其他利益相关者给予政策倾斜甚至资金支持，让企业和其他利益主体在合作中有甜头，激励他们参与创新创业教育合作的积极性。二是高校主导模式，高校主动出击，积极联系企业或其他利益相关者，企业或其他利益相关者基于某种利益目的参与高校主导的创新创业教育，达成双边或多边合作模式。在这种模式中，高校利用知识、专利优势，企业和其他利益相关者利用资金、场地等优势，多方共同培育创新创业人才。三是市场导向模式，基于市场效益，各方利益相关者自愿信息分享、资源互补，以合同为框架，遵循契约精神，共同出谋划策，创建合作机制，共享创新创业教育成果。

　　这些协作模式各有利弊，根据不同的合作条件和适用范围采取不同的运作机制，在各自模式上发现亮点，寻找增长点、提高协作凝聚力和合作效益。在政府参与协调模式中，政府应该发挥"红娘精神"，有时还需要苦口婆心，义务充当中间协调者、仲裁者甚至跑腿者，这就需要政府具有高瞻远瞩的战略眼光，具有果断的战略决策执行力，站在社会公益的制高点推动创新创业教育的有效发展。高校主导模式需要学校拿出诚意，主动与企业或其他利益主体等多方深度沟通，明晰目标理念，在理解基础上互利互让，精诚合作，结成产教融合育人共同体。市场导向模式中的主要合作方应该以利益共享为基础，以产业市场需求为导向，以商业化运作管理为机制，以契约为纽带达成利益共同体，加强育人培才功能，务必避免人才培养中的功利和短视行为。在完善这三种主要协作模式基础上，还需利益相关者各方深根细作，深明大义，厚积薄发，进一步探索合作新机制、新模式，促进利益相关者多方合作，实现信息分享、资源共享、互通有无、合作共赢，共同撑起创新创业教育的一片天地。

　　创新创业教育的众多利益相关者协同合作，形成一个网络状的协作生态系统，系统中各要素之间呈现一种网络化的互动关系。系统良好运转依赖于各个要素即各利益相关者之间的协同合作与内生成长。协作生态系统的运行机制，如图6-5所示，在良好社会环境（创新创业精神和文化）作用下，通过内部利益相关者（教师、学生等）到支持性利益相关者如政府部门，再到以企业为代表的外部利益相关者的演进，完成整个创新创业教育的演化过程，最后通过企业等利益相关者把信息反馈到内部利益相关者，实现整个系统的高效、持续运行，形成一个良性、有序、循环协作的高校创新创业教育利益相关者的生态系统，共同推进高校创新创业教育的有序、高效、良性、可持续发展。

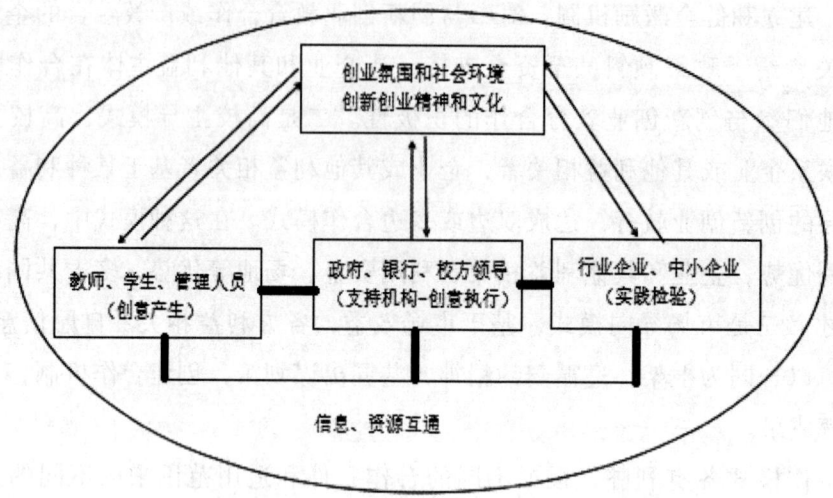

图 6-5 创新创业教育利益相关者生态系统运行图

第七章　中国与东盟国家创新创业教育的合作交流

中国与东盟地理相邻、山水相依、文化相通、血脉相亲、利益相融。为进一步增进彼此了解与友谊、开展更务实的教育合作、铺设更畅通的合作渠道，拓展更多元的合作领域、加强区域间文化交流与发展，2017年，中国22所高校与东盟国家高校正式成立了创新创业教育联盟，联盟以"产教融合·协同创新"为主题，旨在讨论怎样推进产教融合人才培养改革，强化企业主体作用，提高行业企业参与办学程度；同时就中国及东盟高校在推进产教融合、培养创新创业人才方面的实施路径及成功经验进行交流。在中国与东盟国家的高校创新创业教育联盟第三次联盟会上，老挝国立大学副校长 Oudom Phonekhampheng 表示：我们跨越国界，分享和推动区域间合作，以教育和培训为我们的全球化发展做出积极贡献。教育机构与工商业之间有着多方面复杂的关系，我们要理解"产学合作"的意义，在研究和实践中听取质疑的声音，加强对"产学合作"的理解。东盟国家有着丰富的多样性，与中国的关系渊源流长。加强彼此的合作共建，通过进行学生交换项目，让学生提升自己，主动探索创业环境，为国家的经济建设发展做贡献。创业的环境不仅体现在教室里，在讲台上，更在优秀的企业家身上。邀请他们分享宝贵的一手资料，促进校内外共同发展。各国学校间相互帮助，资源互补，携手促进大学内部资源共享，也推动中国-东盟教育迈上新台阶。教育部中外人文交流中心副主任夏娟认为，人文交流是人与人的交流，心与心的沟通，它通过教育、科技、文化、卫生、体育、旅游、智库等领域增进相互理解、相互学习，推进文明互鉴、民心相通。教育是人文交流的重要领域，教育交流与合作是人文交流的实现载体。贵州理工学院等22所中国与东盟国家的高校于2017年设立创新创业教育联盟，并连续在"中国东盟教育交流周"召开创新创业教育论坛，拓展了中国与东盟高校间的务实合作，对于深化中国-东盟人文交流、密切中国-东盟关系，具有重要的积极意义。柬埔寨柴桢大学副校长 Sin Putheasath 表示，为了解决未来多元化的社会情况，就必须提升科技领域质量，加强对职业技术的教育，让人才满足市场人力资源的需求。柬埔寨是一个发展中国家，想要从发展中国家发展为中高收入国家，大学必须培养大学生技能使之符合市场需求。

第一节　当前中国与东盟国家教育合作交流现状

当前，我国许多高校正在大力推进教育国际化进程，其中，贵州理工学院、西北工业大学、安徽工业大学、广西大学等都积极探索与东盟国家的国际交流合作，并取得了良好的效果。自2012年起，广西依托中国－东盟博览会和中国－东盟商务与投资峰会，已成功承办4届"中国东盟职业教育联展暨论坛"。随着广西与东盟国家职业教育领域合作进入实质性阶段，联展暨论坛也逐渐成为广西文化教育交流合作面向东盟的主要窗口，目前广西与东盟国家近200多所院校建立了双边合作关系，其中，职业院校100多所。近年来，贵州以举办中国-东盟教育交流周为主要抓手，紧紧围绕扩大教育对外开放的总体目标，广泛开展与东盟等世界各国的教育合作与人文交流。

截至2021年8月，贵州省具有招收国际学生资格高校32所(本科18所，高职高专14所)。具有招收中国政府奖学金国际学生资格培养院校3所。全省各级各类学校共有24个中外合作办学项目(含机构)，办学层次涵盖高中、专科、本科及研究生教育。贵州水利水电职业技术学院在柬埔寨马德望省创建"贵州水利水电职业技术学院亚龙丝路学院"、铜仁职业技术学院与老挝巴巴萨技术学院合作共建分校的成功经验，为贵州高校赴境外办学提供了样板。下一步，贵州将持续推动贵州高校与东盟国家的教育合作，加强人文交流和人才培养，鼓励和支持贵州高校与东盟国家开展青年师生交流和人才培养，加大吸引东盟等有关国家优秀学生来黔交流学习，积极加快推动外语非通用语种人才培养和学科建设；加强资源引进和合作办学，引进优质教育资源，推动促成双方开展合作办学，支持有条件的贵州高校赴东盟国家设立分校或开展语言技能培训；扩大对外宣传和合作研究，加大贵州教育宣传力度扩大国际影响力，积极推动双方开展教学科研合作。

广西壮族自治区、贵州省与东盟国家在创新创业教育合作方面比较紧密，比较成功。其他省市也或多或少地与东盟各国开展了交流合作，也取得了不菲的成绩。但也存在一些不足，总结如下。

一、宣传力度不够，宣传格局有待开拓

我国高校在对外合作交流过程中普遍存在的问题是对东盟国家的宣传工作力度不够，宣传格局有待进一步开拓。首先，宣传工作主要集中在东盟国家经济基础较好的大城市或者首都的一些学校，而其他的院校，因交通不便、学校基础设施较为落后、学生接触汉语学习的机会较少等原因，高校很少主动去联系合作事宜。其次，大部分学校不重视完善自身的国际交流网页建设，未及时发布招收留学生的相关信息，甚至一些学校已招收留学生或已开展国际交流，但并没有相关网页进行专门宣传，这在一定程度上制约了学校走向国际化。

二、以"引进来"为主，"走出去"的步伐稍显不足

目前，各高校正努力通过各种渠道制定各项优惠政策，以招收东盟国家的留学生，加强双边的合作与交流，"引进来"各项工作开展得如火如荼。相比之下，"走出去"的步伐稍显不足，主要集中在建立边境职业教育联盟、开展校际合作、派出中国学生到东盟合作院校交流实习等层面，如广西职业技术学院越南语专业学生到越南合作院校学习一年烹饪专业，到泰国三所合作院校交换学习，广西农业职业技术学院派遣学生到老挝进行短期实习，但对于开设东盟语言专业、与东盟国家的企业建立校企合作等方面较少涉及。

三、师资国际化教学水平有待进一步提高

虽然各校在留学生的人才培养方面下足了功夫，优先选拔教学经验丰富及教学能力强的教师或者团队执教，但不论是汉语教师还是专业教师，国际化教学水平均有待提高。以广西职业技术学院为例，目前的大部分汉语教师虽然都是汉语言文学专业出身，但其中有对外汉语教学经验的教师所占比重十分有限，其余教师几乎都是从其他相关专业临时转型过来的，对外汉语教学经验与实践不足较明显。同时，授课的专业教师虽然专业教学经验丰富，但对东南亚各国国情缺乏了解，对东盟国家的社会经济发展更是缺乏实地考察，在留学生的人才培养中未能结合当地发展实际与特色有针对性地开展教学，只是给学生传授放之四海皆准的专业常识，难以激发学生的学习兴趣，学习效果大打折扣。此外，各专业教师在与留学生的语言交流

上存在一定的障碍，也影响了教学效果。

四、部分学生受到家庭经济状况影响

部分学生来华求学意愿强烈，但家庭经济状况不允许。随着中国与东盟国家文化交流的深入，越来越多东盟国家人民意识到学习中文以及到中国求学的重要性。虽然到华求学的意愿强烈，但很多学生迫于家庭的实际经济状况，无力支付在华的学习费用，只能选择放弃。虽然中国政府设置了东盟来华留学奖学金，但目前该部分经费主要集中在本科院校，大多数职业院校没有获得该政策的"福利"，严重制约了这些院校与东盟国家的合作交流。但创新创业教育对外交流在高职院校中也非常重要，大多数高职院校也希望能引入更多东盟国家的优质生源，来充实和壮大自己的创新创业教育。

第二节　加强中国高校与东盟国家创新创业交流合作的策略建议

一、打造全方位、多形式、宽领域的宣传格局

一是充分利用政府平台加强我国创新创业教育的宣传，主要是利用东盟博览会、中国－东盟商务与投资峰会和中国东盟职业教育联展暨论坛等政府平台，开展全方位、多形式、宽领域的宣传。二是利用好本校新媒体平台，鼓励普通本科院校和职业院校完善学校官方网站英文版以及东南亚各国家语言版的创建，特别是国际交流板块，应把学校招收留学生的专业、收费标准、奖学金政策、学校所开展的国际交流状况等通过英文及东南亚各国语言展现出来，为有意向报考本校的留学生提供有价值的信息，吸引更多留学生前往求学。三是通过合作院校，大力宣传本校的相关招生政策，有计划地通过师生互访、学分互换、师资培训等手段，提高我国高校在东盟国家的知名度，并通过合作交流所取得的成效进一步将影响辐射到东盟国家首都及大城市以外的其他地区。四是发挥在校留学生的宣传作用，利用校园文化塑造、凸显教学效果、中国－东盟学生的交流促进中国创新创业教育特色的宣传。

二、"引进来"与"走出去"并举

正如《广西壮族自治区现代职业教育体系建设规划（2015-2020年）》中指出，要实施职业教育留学生培养计划，通过学生赴台交流项目、东盟国家职业教育留学生项目、赴东盟国家留学项目等途径，加强区域（国际）之间的交流与合作，形成常态化交流机制，不断开阔学生视野，培养学生的"双语"能力、通用技能和专业实践能力，提升学生在中国–东盟合资企业的就业竞争力。一方面，中国企业走出去，虽然在降低劳动成本、管理成本等方面会考虑懂中文的当地居民，但是在一些核心岗位，从文化背景、思维模式、文化习俗等方面考虑，应该首选会外语的中国人；另一方面，培养"双语"人才，提升学生的国际化就业竞争力，以更好地提高学校就业率。中国留学生作为一个活招牌、活广告，不仅能作为专业技能人才扶持中国企业"走出去"，更能在东盟各国发挥一定的宣传效应，为中国高校做好宣传工作，因此，在培养学生创新意识和创业技能的同时，国内高校应有计划地开设针对东盟各国的语言专业，把学生培养成具有国际化竞争力的技能人才。在此基础上，进一步加大与东盟国家中资企业的校企合作，输送优秀毕业生到对象国工作，助力中资企业"走出去"与进一步发展。

三、加大对外汉语教师的培养力度

各高校可以有针对性地加大对外汉语教师培养力度。一是有计划地招聘、选拔和培养对外汉语教师，形成对外汉语教师老中青结构合理的年龄梯队；二是充分利用教师公派出国进修及学习的机会，公派对外汉语的教师到东盟国家的孔子学院或高职院校开展对外汉语教学工作；三是每年对参与留学生教学工作的教师开展系列培训，培训内容包括对象国的国情、风俗习惯、留学生的教育教学方法等。

四、争取国家对普通高校东盟留学生的资金援助

当前，国家对于东盟学生设置的奖学金重点都放在了重点院校，如广西大学、贵州大学、西北工业大学，等等，对于普通院校来说，奖学金的比例不仅少，而且奖金数额较低，这也是普通院校难以吸引留学生的原因之一。为此，建议普通院校在现有的东盟国家留学生奖学金、东盟基金会基础上积极争取更多的资金、奖金援助，从资金上保证在校外国留学生的奖助学金覆盖面，为大多数普通高校的创新创

业教育走向国际化打好基础。

总之，高等学校参与国际交流合作是大势所趋，无论是重点大学还是普通院校都应该顺应历史潮流，积极投身于国际交流合作。虽然对普通院校来说，引进来与走出去的过程必然不会一帆风顺。但是，普通院校与东盟国家的交流与合作要想取得成效，需要克服很多困难，打很多硬仗。在这场硬仗中，政府、院校、教师都要付出艰辛的努力，尤其是职业院校更应在政策、资金、宣传、教师的培养等方面做好充足的准备。

第三节　老挝留学生创新创业教育资源开发

创新是我国发展的第一动力，人才是我国发展的第一资源，我国大力实施创新驱动发展战略，"大众创业、万众创新"在我国已经蔚然成风。基于"一带一路"对外开放发展战略背景开展老挝留学生教育，一方面需要提升留学生的汉语交流水平、构建专业课程体系，另一方面也需要将创新创业教育放在突出位置，充分挖掘针对老挝留学生的创新创业资源。为了增强教育教学的针对性、实效性，我们不仅要对大学生一般性的创新创业素质与能力进行资源挖掘、利用，还应当紧密围绕"一带一路"开放战略出发，紧贴"一带一路"倡议的核心内容和老挝留学生的实际情况精心开发教育教学资源。

一、培育发展政策教育资源建设与政策解读能力

政策沟通是"一带一路"倡议的核心内容之一。我国"一带一路"发展战略是建构在人类命运共同体思想基础上的。习近平指出："'一带一路'建设不应仅仅着眼于我国自身发展，而是要以我国发展为契机，让更多国家搭上我国发展'快车'，帮助他们实现发展目标。"提升老挝留学生面向中老"一带一路"合作的创新创业素质与能力，必须着眼于两国的实践开发创新创业教育包，把创新创业教育建立在两国创新创业发展实践基础上，使留学生能够全面深入地了解两国发展政策、合作协议、行动计划及其实践，形成深刻的政策认同和强烈的创新创业动机，并借助于政策的护航，乘势而为，成为积极响应两国"一带一路"合作发展政策的创新创业者和大有作为者。

老挝与中国虽然同属于发展中国家，但是，两国国情不一样，分属不同的发展阶段。比较而言，中国是最大的发展中国家，已经进入中国特色社会主义发展的新时代，处于工业化和信息化融合发展，已经继而实现基本现代化的发展阶段，两国政策制定的

基础、动力、目标、内容都不尽相同。我们在开发资源包时要注重两国发展政策的阶段差异性，让留学生了解政策差异及其缘由、演变历程，帮助他们懂得两国发展政策的理论逻辑、历史逻辑和实践逻辑以及经验教训。着重围绕我国新时代中国特色社会主义总体布局、重大发展方略、重大决策措施、重要政策项目、重大政策支持与保障体系、两国政策对接等方面进行教育资源开发，帮助留学生了解中国政策的引领性和创新性，深化对"一带一路"倡议的认识，从我国先导政策中学习借鉴有益经验，累积后发优势，提高创新创业的政策水平与执行力。

二、培育互联互通教育资源建设与国际交往能力

设施联通是"一带一路"倡议的核心内容之一。习近平指出："基础设施是互联互通的基石，也是许多国家发展面临的瓶颈。建设高质量、可持续、抗风险、价格合理、包容可及的基础设施，有利于各国充分发挥资源禀赋，更好融入全球供应链、产业链、价值链，实现联动发展。"创新创业教育资源开发必须将设施联通作为重要内容，注重引导老挝留学生深入了解中老两国设施联通的建设规划、计划和进程，充分利用设施联通的资源和平台，培育创新创业素质和能力。

我们要注重围绕两国在道路交通、电子商务、现代物流、信息、电力、能源等方面的建设重点，梳理知识链、技术链、创新创业链和价值链，引领留学生快速提升这些领域的创新创业能力。加强新经济形态下创新创业教育资源的开发，有助于老挝留学生优化创新创业方式，提高创新创业效率。

三、培育经济贸易教育资源建设与经济参与能力

贸易畅通是"一带一路"倡议的核心内容之一。我国"一带一路"倡议是以贸易为主要载体实施的，促进沿线国家之间贸易往来，实现跨国产业分工、产业布局、产业协同的优化，是"一带一路"发展战略的重要政策方向。老挝留学生创新创业教育资源开发应当注重两国贸易发展的资源建设，引导学生了解两国贸易政策、贸易模式、贸易资源、产业分工与布局，培育精通贸易的创新创业人才。老挝和中国的贸易政策、贸易体制和贸易发展模式不尽一致，我们要注重促进贸易便利化、优化贸易方式方面的资源开发，培育留学生跨境贸易的创新创业素质。我们要把各自的资源特色、竞争优势、市场需求梳理清楚，引导留学生充分利用两国贸易资源的差异，进行优势互补和差异化竞

争，提高贸易创新创业能力。

四、培育现代金融教育资源建设与融资信贷能力

资金融通是"一带一路"倡议的核心内容之一。习近平指出："我们要建立稳定、可持续、风险可控的金融保障体系，创新投资和融资模式，推广政府和社会资本合作，建设多元化融资体系和多层次资本市场，发展普惠金融，完善金融服务网络。"老挝留学生创新创业教育资源开发，应当注重国际金融创新创业能力的培养，引导留学生广泛了解国际和"一带一路"金融体制、金融政策体系、金融工具运行等方面的知识和技能，有助于培育老挝留学生跨国金融创新创业能力。现代金融体系是创新创业重要支撑，跨国金融人才尤其紧缺。我们要注重将"一带一路"所建立起来的现代金融体系形成的金融政策创新、体制创新、科技创新、模式创新、产品创新成果开发成为高质量的教育资源，为留学生创新创业提供现代金融素质基础，有助于他们成为现代金融体系的跨国人才，提高金融创新创业竞争力。

五、培育历史文化教育资源建设与文化交流能力

民心相通是"一带一路"倡议的核心内容之一。我国"一带一路"发展战略将沿线国家之间民间人文交流作为基础性工作来推动，体现以人民为中心的思想。老挝留学生创新创业教育资源开发，应当高度重视人文资源的建设，有助于提升老挝留学生创新创业人文竞争力。

跨文化交流需要打通语言、文化交流沟通的障碍，这是创新创业的基本素质。我们围绕两国语言、历史、传统文化等方面内容开发资源，有助于留学生开展两国文化的交流互鉴，提高语言交流、文化交流、历史资源分享和适应的能力。着眼于文化要素的涵养、创造性转化功能，开发一批两国民族文化在旅游、教育、养老、健康、会展、广告、新闻、体育、公共安全、公共服务等方面发挥作用的教育资源，有助于提升老挝留学生文化软实力。着眼于文化产业发展，开发富有两国特色文化产品、产业方面的教育资源，有助于提升老挝留学生文化产品创新创业能力。

第四节　中国与东盟高等教育合作的进展、挑战及应对策略

1991中国—东盟建立对话关系以来，双边关系稳健推进，双边贸易量猛增，互为第一大贸易伙伴。产业贸易合作导致了教育合作需求的增加，教育合作又反过来加强双方经贸联系。通过高等教育合作，加强中国—东盟的文化往来，促进民意交融，助推双边经济合作。中国—东盟高等教育合作经过长时间磨合逐渐走向成熟，但依然面临各种挑战。应对这些挑战，首先需要我国高校造势蓄能，在文化教育领域培育"中国优势"，具体包括建设多学科、跨文化导向的跨国高校教师队伍，建立健全中国—东盟高等教育质量保障体系，提供多维包容、高效优质的高等教育；其次需要精准把脉东盟教育需求，"对口提供"教育服务，打造中国—东盟高等教育合作的品牌特色。

"民心所向"是改革开放、对外交流的动力源，"民心相通"是培植良好国际关系的土壤。作为国际外交的重要途径之一，紧密的教育合作与交流既是中国—东盟友好关系的重要体现，是两地人们互信互融的重要载体，也是对两地区"民心所向"的回应，更是搭起两地区"民心相通"的文化栈道。中国—东盟开展高等教育合作，顺应时代潮流，是区域文化教育合作发展的必然结果，满足了中国企业在东盟国家发展对人才的需求，有利于高质量共建中国东盟"命运共同体"，推动中国—东盟搁置争议、共谋发展，实现"一带一路"倡议的阶段性成功和地区性突破，成为影响我国地缘战略格局走向的重要因素。当前，中国与东盟国家的高等教育合作方兴未艾，既迎来"百年一遇"的重大机遇也将面临许多挑战。

一、中国—东盟高等教育合作的进展

（一）搭建"民心相通"的桥梁，促进政治友好合作

当今世界，教育合作交流对加强地区之间的政治友好合作、提升区域国家整体文化软实力的作用日益凸显。民心思稳，保持东亚地区和平稳定，维护区域经济繁荣是中国及东盟国家的共同愿景，教育合作交流被认为是"外交政策的第四个维度"，是一种重要的公共外交手段[1]，它是促进区域合作，推动中国和东盟国家搁置争议、相互依存、共谋发展的融合剂。在中国—东盟命运共同体构建已经深入各国民心，开展双边高等教育合作，有利于提升区域国家的整体文化软实力，提升国际话语权和国际影响力。因

此，中国教育部于 2016 年 8 月印发了《推进共建"一带一路"教育行动》，把"一带一路"建设的思路逻辑、合作精神贯彻到文化教育领域，系好两地民心相通的文化"领带"。高等教育合作具有民心相通的基础性和先导性作用，有利于"一带一路"倡议持续推进并符合东盟诸国的"民情民意"，在中国—东盟命运共同体构建过程中担负起"民心之桥"的崇高使命及"友谊之桥"的国际政治责任。高等教育倾向于培养学习者的高尚情怀、社会使命和责任担当，可以助力中国—东盟命运共同体实现"发展愿景"，尤其是高职教育侧重于应用能力和实践技能培养，更能助力东盟国家的经济腾飞，承担起东盟地区脱贫致富的使命，也为中国企业向东盟国家"走出去"提供本土技能人才。

中国与东盟国家秉持构建"命运共同体"的宗旨，坚持合作共赢、互惠互利的原则，通过高等教育合作，培养广泛的民心基础，增强东盟各国对"命运共同体"的民意认同感；通过高等院校之间的互动往来带动教育资源互通有无，协同培育具有多元文化视野、区域合作意识和区域整体认同感的高素质技能人才。通过高等教育合作交流，也可以加强中国与东盟国家的经济与文化，进而密切双方政治合作，有利于我国在地区事务性处理中履行大国义务，帮助东盟国家承担更多国际责任，化解西方国家对中国及东亚地区的经济围堵和政治打压。

（二）回应"民心所向"，强化经济合作，推动区域经济腾飞

突如其来的新冠疫情，使全球面临严重的经济衰退，世界经济格局出现重大变化，贸易秩序必将经历重组、重构。各国人民一方面要应对病毒疫情之伤害，另一方面又必须承受经济衰退之痛苦。显然，抱团取暖、恢复经济、增加就业，提高人们收入，已成为中国—东盟的"民心所向"。值此之际，中国—东盟共克时艰、强化经济合作，推进区域经济一体化，从而推动合作区域内整体经济走出低谷，回归正常，弱化疫情对国民经济的冲击，这是对合作区域内各国"民心所向"的最好回应。

自古以来，中国与东盟各国或陆地相连、或隔海相望，彼此守望相助、同舟共济，双边经贸往来频繁，教育资源互动密切。海上交通的便利、陆地相连的资源互补以及发展阶段的差异性，促使当今的中国—东盟必须搁置分歧、共商区域发展大计，加强文化教育交流，扩大经贸往来，强化经济合作，共同推动合作区域内各国经济的腾飞。近年来，东盟地区成为中国企业"走出去"的首要热身地，既是中国投资目的地，也是中国投资来源地[2]。

高等教育合作助推中国—东盟的经济合作。反之，双边经贸关系的快速发展也为中国—东盟高等教育的合作交流提供了坚实的物质基础，经济合作所带来的巨大市场潜

力也扩展了双边高等教育合作的空间。东盟国家也希望通过加强与其他国家的高等教育合作而提升自身的教育文化实力，进而扩大东盟高等教育的国际影响力，争取中国的教育支持并实现双方的高等教育合作，自然成为东盟国家教育工作的重心之一。中国文化源远流长，高等教育规模位居全球第一，拥有相当强大的教育实力和相对丰富的高等教育发展经验，是当之无愧的教育大国、教育强国，有能力帮助东盟各国发展高等教育事业；作为有担当的地区大国，也有责任帮助东盟国家培养更多高素质人才，助力东盟国家经济腾飞。

（三）加固交流纽带，加深文化互信，夯实民意基础

"命运共同体"建设和"一带一路"倡议都需要厚实的民意基础，需要合作区域内各国的民情支持和民心拥戴。在此过程中，文化教育的"互联互通"非常重要，跨文化的认同、跨民族的互信和跨国别的互谅是民意基础厚实的表现。文化是教育的内容，影响教育目的和教育方式；教育又是文化的表现形式，传递文化的内涵和精神。一国的民族文化价值体系可以通过教育合作交流的方式传递到他国，并影响到他国人们的思维方式、思想观念等。这种影响是双向的、复杂的。地区与地区之间、国与国之间、民族与民族之间相互影响，影响到何种程度，难以简单评价。因此，高等教育合作既是中国与东盟文化交流、民意交融的重要纽带，也是文化互鉴互赏、民心相交相通的重要途径，是提升中国与东盟全面关系的"软"助力。在"一带一路"倡议下，中国—东盟开展政治、经济全面合作需要民意基础，而文化的相互尊重和认同更能夯实民意基础。文化认同促进文化互信，文化互信促进民意交融和民心相通。有了民意基础，中国—东盟才能建立起持久的政治、经济、教育乃至军事等多维度的全面合作，双方才能从全面合作中获取最大的价值和利益。中国与东盟自1991年开启对话以来，双边关系日益成熟、深化，教育合作已成为双边合作的重要内容，高等教育是教育系统的重要组成部分，适合远距离国际交流，将在融合民意、凝聚民心等社会人文合作方面发挥重要作用，同时为双边经济贸易、城市建设等合作领域输入优质人力资源，提供智力支持。

（四）深化高等教育合作，达到互补共促，强固民意认同

中国与东盟诸国同属发展中国家，但处于不同的发展阶段，高等教育合作具有互融性和互补性。一方面，东盟大部分国家工业相对落后，承接了大量从中国转移的劳动密集型产业，正面临产业转型升级难题，需要中国提供技术支持和人才支持；我国高等教育规模庞大，人才培养体系较为成熟，拥有优质教育资源，既能够为东盟国家提供诸如

课程设置、人才培养模式、师资培训等一系列"软"帮助，也能提供实训设备、教学器材等"硬"帮助[3]。另一方面，东盟国家濒临海洋，地处热带，在农业、渔业、捕捞业和旅游业等特色产业的职业教育发展方面具有较大优势，能为我国的高等职业教育发展提供借鉴。

近年来，中国东盟在师生交流、平台搭建、文化项目的开发和拓展等高等教育合作方面取得了一系列成果："中国—东盟教育交流周"、《中国—东盟教育合作行动计划（2017—2020）》的签订，为"一带一路"建设提供强有力的人文支撑；2019年的《落实中国—东盟面向和平与繁荣的战略伙伴关系联合宣言的行动计划（2021—2025）》将中国东盟合作推向新的高度，也为双方的高等教育合作提供更多空间[4]。目前，中国不仅与东盟整体就教育交流合作方面签署了重大协议，还与部分国家单独签署了学历学位互认协议。中国东盟留学生互派数量已经超过20万，助力中国成为亚洲地区最大留学目的国。中国计划在未来三年期间，加大对东盟诸国医疗卫生领域的扶持力度，加大力度支持中国—东盟菁英奖学金等项目[5]。

二、中国—东盟高等教育合作面临的挑战

（一）国际环境影响，双边合作增添阻力。

东盟实施大国平衡战略，除中国之外，东盟先后与周边大国建立某种合作关系，在大国之间走钢丝，意图让大国之间相互竞争，有利于东盟自身的战略平衡。美国为了遏制中国，千方百计在中国与东盟之间打入楔子，离间二者关系[6]。中国—东盟的教育合作氛围也受到了大环境的干扰，合作高度与深度都受到难以言说的微妙影响。虽然双方对未来合作前景进行了展望，建立了长远的教育合作目标，但在高等教育合作方面还缺乏系统、明晰的规划，合作模式和合作举措等具体性内容有待进一步明确。

（二）受制于产教融合不充分和区域局限性，合作不够全面

首先，我国高校和企业在东盟的配合默契度不高，产教融合不够充分。从中国实施"走出去"战略以来，深圳宝鹰集团、中国核工等企业陆续进驻东盟并取得巨大成功，但这些企业较少关注东盟本土人才培养，未能与中国高校联合"走出去"，未能充分利用我国高等教育尤其是职业教育优势在东盟国家开展校企合作，培养东盟本土人才为我所用，导致在东盟国家的中国企业面临人才匮乏，业务开拓困难，社会影响不大，未能

有效凝聚民心和厚积民意,"一带一路"建设进程比较缓慢[7]。

其次,对于中国和东盟的高等教育合作交流,国内参与地区、参与高校层次的局限性较大。参与中国东盟高等教育合作的省份局限于广西、云南、贵州、江苏等地,其他省份参与热情不高;交流层次主要集中在本科层次高校,高职院校的参与程度有待提高,国内职业院校与东盟国家尚未建立有效的合作机制,双方职业院校间信息共享、资源互补、师生交流的管道不够畅通。国内大部分省份缺席中国—东盟高等教育合作,很大程度上限制了我国与东盟教育合作的广度和深度;职业院校参与度不高,限制了双方教育合作交流的层次和类型,以教育促经济的效应不明显,阻碍了中国高等教育"走出去"战略的有效实施,弘扬中华文化、提升我国国际软实力的战略效果受到局限。

最后,受制于上述因素,中国和东盟教育合作程度日益深化但不够全面。高等教育学历学位证书在中国和东盟国家互认方面的进展非常明显,但是双方院校间课程、学分还难以实现互认,高教评价标准、课程标准以及执业资格认证等方面难以有效衔接。当然,东盟各成员国之间也缺乏通用的高等教育评价体系和职业教育标准框架,也导致中国和东盟国家的职业技能人才难以在双边企业有效流动。

(三)人才使用的国际化程度不高,未能充分利用来华留学生的人才红利

目前中国—东盟高等教育合作在一定程度上呈现出"偏单向性"特点,即中国以教育技术和教育资源"输出"为主,而东盟则以教育技术和教育资源"输入"为主。我国以输出教育技术和教育资源并吸引东盟学生"走进来"的教育合作模式为主,通过设置高额奖学金吸引东盟学生来华接受高等教育和技能培训,因此,来华留学的东盟学生相对较多。譬如说,2013 年,贵州省出台留学生专项奖学金制度,根据学历层次(本科—硕士—博士),每生每学年给予一至两万元奖学金,本科最低一万元,每上升一个层次增加五千元,博士最高两万元。除此以外,额外设置了东盟学生专项奖励 0.8 万元每人,以资助来黔学习的东南亚学生。通过奖学金制度,吸引了大量东盟学子入黔学习深造,2021 年达到近三千人的峰值。[85]以贵州铜仁学院为例,该校多个学科招收东盟留学生,获 2021 年秋季学期专业奖学金的学生有 76 人,获贵州东盟留学生专项奖的有 13 人。[86]我国关于来华留学生的政策主要集中于招生和奖学金方面,较少关注留学生的就

---

85. 数据资料来源于:天眼新闻,发布时间:2021-09-15 11:23,贵州日报当代融媒体集团官方账号。

86. 数据资料来源于:铜仁学院国际交流处

业情况。对于外国留学生在华就业创业的问题，我国有较为严格的限制性规定。根据相关文件精神[87]，取得硕士及以上学位的东盟留学生可以申请在中国就业或创业[8]。但是对于在本科层次院校和高职院校毕业，具有一定技术技能且志在中国的东盟留学生来说，依然面临"留华难"的问题，留华门槛高，而且诸多程序、繁琐复杂。因此，来华留学的东盟学生数量不少，但我国未能充分利用留学生人才红利。

（四）未能有效建立高等教育合作的质量保障体系

中国与东盟高等教育合作能否有所成效，关键在于教育质量和人才质量，因此有必要制定高等教育合作的质量保障体系，检验双边合作的近期成果和长期效益。中国—东盟高等教育合作的质量保障体系至少覆盖三个维度：一是促进区域合作、企业转型升级方面的高等人才教育质量保障；二是促进参与合作的高等院校自身发展的质量保障；三是促进双方交流的学生和教师提高自身知识水平和应用能力的教学质量保障。中国与东盟国家建立统一标准的高等教育质量保障体系存在较大困难，因为中国与东盟诸国在经济结构、教育体制、发展程度、高等教育政策、人才标准等方面都存在差异性。

首先，由于地方特色的多样性和社会环境的差异性，不同国家的高等院校及同一国家不同地区的高等院校可能有不同的人才培养目标和学科专业设置，以满足人才需求的多样性。因此，难以制订统一的课程体系及人才培养标准以适应中国—东盟的高等教育质量保障体系。中国疆域辽阔，地区发展不均衡，在人才培养的基本技能标准得以保障的前提下，须以差异化方式推进不同省份、不同地区的教育教学，从而保证地区公平和院校特色。其次，东盟国家内部的高等教育发展也不均衡，新、马、泰三国的经济实力强，高等教育比其他东盟国家更发达、更成熟。这几个国家的教育经费更充足、办学基础设施更完善，高校师资力量更强，学生的实训设施更多更好，高等教育质量较好。相反，经济实力较弱的老挝、柬埔寨等国在高等教育质量方面相对较弱。东盟内部各国之间存在高等教育水平的不均衡性，必然对区域整体高素质人才的培养目标、培养质量、培养体系等方面产生较大影响。

---

87. 我国人社部、外交部、教育部三部门在2017年1月联合发布《允许优秀外籍高校毕业生在华就业有关事项的通知》

三、中国—东盟高等教育合作的应对策略

虽然中国—东盟高等教育合作面临上述诸多挑战，但归纳起来，我们只需从以下两个方面加以应对，就能大而化之，全面推动中国—东盟文化教育交流，进而推动中国—东盟区域合作迈上新台阶，在经济、政治、文化及社会发展上互帮互助，形成真正的"命运共同体"。通过教育文化合作与交流，助力"丝绸之路经济带"区域国家繁荣昌盛，助力"21世纪海上丝绸之路"一直延伸，把中国力量带给全世界。中国—东盟高等教育合作交流已经处于较高水平了，但合作广度上还有拓展的空间，深度上还可以进一步细挖深耕。

（一）造势蓄能，打造高等教育的"中国优势"

"人往高处走"是一种无法逆转的趋势，人员流动通常是由低势能地区向高势能地区汇聚，反之，教育文化交流则是由高势能地区向低势能地区辐射。因此，人文教育交流的核心在于打造优势、蓄积能量。欧美高等教育之所以能在全球留学市场中发挥"虹吸效应"、占据绝对主导性地位，就是善于造势蓄能，在全球形成"欧美教育优势"的民意。这种民意直接影响到全球学生的留学选择。在中国—东盟教育合作交流过程中，我们也必须正视现实：现阶段，中国还不是东盟学生的"心之所向"，他们的第一选择是欧美高校，中国高校很可能只是一个不错的备选。近年来，我国针对东盟留学生推出了一系列援助性政策，提高奖学金标准，加大宣传力度，情况有所好转，吸引了大量东盟学生来华求学。但许多伴生问题也随之而来，诸如：一些高校降低入学门槛来吸引东盟留学生，导致生源数量大幅上升、质量急剧下降，部分学生入学后混日子不思进取、学习成绩较差，甚至不服从学校教学安排等问题。在奖学金、家长安排等多方面因素的影响下，部分东盟学生来华"镀金"混学历，没有真正融入中国文化，无法认知和理解中国文化底蕴，不具备中国情结。这部分留学生"知华"有余、"爱华"不足，回国后不足以传播中华能量，发出中国声音，为中国文化集民意、通民心，难以为中国—东盟"命运共同体"建设造势蓄能[9]。这些问题的出现，根本原因还在于中国高等教育缺少自身势能。"打铁还需自身硬"，唯有打造自身优势、增加向心力，才能化被动接纳为有所筛选，吸引东盟优质留学生来华深造，培养一批"知华""爱华""亲华"的高素质人才。随着"一带一路"倡议的深入人心，来华求学的东盟学生数量必将继续增长。而量的扩张须有质的保障，否则，难以持续，无法长效，甚至带来某些负面影响。因此，我

们必须努力建设多学科、跨文化导向的跨国高校教师队伍，逐步建立健全中国—东盟高等教育质量保障体系，为东盟学子提供多维包容、高效优质的高等教育。此外，还要鼓励和支持产教融合、校企合作，为来华留学生提供实习岗位和就业机会，从就业创业方面增加中国高校对东盟学生的吸引力。

总之，中国高校必须打造优势、蓄积能量，不断提高自身势能、营造品牌特色并积极宣传推广，在东盟临近区域或水陆交通便利的省份如广西、云南、广东、江苏等重点打造一批具有高品质、厚底蕴的高等院校，进而全面提升中国高等教育的影响力，打好"学校牌"，

推广"区域牌"，树立"中国牌"。栽好"梧桐树"，不愁"金凤凰"，只要不断努力造势蓄能，营造优势顺民情、赢取口碑积民意、久久为功通民心，中国高等教育和高校终将走进东盟，冲出西方包围，走向世界！

（二）精准把脉东盟教育需求，供需"对口"、互利共赢

文化教育交流没有输家，只有双赢。文化教育交流的双向互动、互补互益，是中国—东盟高等教育合作持续发展并保持长效的基本诉求和共同的价值取向。在中国—东盟"教育共同体"建设过程中可以在合作区域内国家中充分交换文化资源、分享教育信息，相互切磋比较，在切磋中学习先进文化，在比较中借鉴先进经验。作为教育大国和教育强国，我国要主动帮助东盟国家发展教育事业，把脉东盟各国教育需求，"对口"输出优质资源，实现教育资源互补、发挥优势、补齐短板。近年来，在政府层面的强力推动下，中国—东盟高等教育合作日益深化，但计划性较强，市场灵活性偏弱，资源配置难免出现某种程度的不合理性，高等教育合作中的供需"不对口"现象时有发生，即供给与需求错位：供给方未能有效判断需求方之所需，提供了无效"产品"[10]。如果不及时妥善处理，这种供需错位会弱化双方的合作热情。

中国—东盟合作领域不断扩大、经贸往来日益频繁，双边人才需求越来越多样、多维、多元，人才培养也要顺势而为、与时俱进，分层分类培养，在不同领域培养出多元化人才。东盟国家发展程度不一致，经济发展参差不齐，新加坡、马来西亚等国家经济发达、百姓相对富裕，因此，新加坡和马来西亚籍学生可能更多希望学习中国语言、研究中国文化；柬埔寨、老挝等国家则相对落后，迫切需要大量能扎根基层的技术技能人才，人们也更希望又有一技之长，藉此谋生，因此，这些国家的学生则更想学习专业技术、修习工具技能。

为此，中国—东盟高等教育合作应该纵深发展，多层分类，既有高层次复合人才的

培养，也有中层技能人才和基层技术工人的培养。我们要对东盟教育需求"把脉"，而后开出"良方"，熟悉东盟诸国不同层次的教育需求和不同类型的教育市场，找准缺口后按需"对口"供给。供给过程中可以根据各高校的实际进展状况实施动态调整，要分类合作、突出重点：（1）我国本科层次高校，应该在提供语言和文化教学基础上着重抓好专业培养；重点探索与东盟高校在人才培养、学术科研领域的深度合作，共同培养高层次复合人才。譬如说，中国—东盟共建大学联盟，就是深化高等教育合作的重要探索。②加强中国—东盟在职业技术领域的教育合作，这是现实需求较多而且有助于东盟经济发展的重要领域，缺口较大。对于老挝、缅甸等国家来说，由于经济发展水平相对落后，更需要技术技能人才的培养。应该适度扩大我国高职院校的留学生招生名额和比例，"对口"满足东盟国家不同层次的分类需求。贵州、云南和广西三省份近年来大力发展职业教育，颇受东盟留学生青睐。如贵州铜仁职业技术学院就是瞄准东盟技能人才的需求缺口，铜仁幼儿师范高等专科学校则挖掘东盟幼师的市场需求，这两所高职院校为东盟培训了较多的技能人才，大受老挝、柬埔寨等国的欢迎。"供需对口"式高等教育合作一方面为东盟经济腾飞培养多元化人才，另一方面也有利于提高中国高校的国际影响力。同时，应鼓励在东盟的中国企业与中国高校协同合作，通过"订单"方式联合培养东盟本土人才，既满足中国企业对东盟本土人才的需求，也有利于东盟学子就近接受中国教育，增加东盟民众对中国文化的接受度和认同感，为弘扬中华文化积民意、顺民情、通民心，切实促进"命运共同体"理念各国人民心中生根发芽。可以说，"民意支持、民心认可、民情拥戴"才是"一带一路"倡议在东盟生根发芽的土壤和根基。

四、结束语

东盟十国是一个整体，但发展程度不一致，经济水平高低不一，信仰多元、文化异质。因此，东盟各国在语言文字、风俗习惯和宗教信仰等方面千姿百态，各领风骚。因此，东盟国家的高等教育有着明显的层次落差，正所谓"横看成岭侧成峰，高低起伏各不同"。虽然高等教育发展层次存在显著差异，但东盟各国都非常重视教育文化建设，尤其是高等教育体系建设，希望通过教育文化的高质量发展和持续改革来助推经济腾飞、进而推动社会全面进步。因此，中国—东盟高等教育合作是必要且可行的，双方教育资源互补、互利共赢、共谋发展。以高等教育为中国—东盟合作交流的突破口，有利于双方增进政府间的互信，有利于强化民间交流，有利于双方相互了解民情、凝聚民心、厚积民意、打通民心，推动中国-东盟"命运共同体"建设，助力"一带一路"倡议的稳定、持续推进。

参考文献

[1]Steurer, R. Mapping Stakeholder Theory Anew:From the `Stakeholder Theory of the Firm 'to Three Perspectives on Business-Society Relations[J].Business Strategy and the Environment,2005,15(1):55- 69.

[2] Kaler, J. Differentiating stakeholder theories [J].Journal of Business Ethics, 2003, 46(1): 71- 83.

[3]Mitchell,R.K.,etal.Toward a theory of stakeholder identification and salience: Defining the principle of who and what really counts[J]. Academy of Management Re-view, 1997, 22(4).

[4] McMeekin, R. Networks ofschools [J]. Education Policy Analysis Archives, 2003, 11(16): 116- 131.

[5]Mattingly,J.E.Stakeholder Salience,Structural Development,and Firm Performance:Structural and Performance Correlates of Sociopolitical Stakeholder Management Strategies[J].Business Society, 2004, 43(2): 97- 114.

[6] 罗索夫斯基，H. 美国校园文化———学生·教授·管理 [M]. 谢宗仙，等，译．济南：山东人民出版社,1996: 1- 8.

[7]Vos，J. F. J. ，Achterkamp，M. C. Stakeholder identification in innovation projects: going beyond classification［J］. European Journal of Innovation Management，2006，9（2）: 161-78.

[8] 王进，许玉洁．大型工程项目利益相关者分类［J］.铁道科学与学报，2009（5）: 77-83.

[9] Mitchell, J. C.The Concept and Use of Social Networks. Social Networks in Urban Situations[M]. Manchester,England, 1969: 13- 14.

[10] Burt, R. Toward Structure Theory of Action: Network Models of Social Structure [M]. New York: Academic,1982: 20- 39.

[11] 张建祥．利益相关者视域下高校办学评价体系建设的协调机制研究 [J]. 教育研

究,2017,38(01):62-69.

[12] 符琼霖,陈立鹏.民族院校章程建设的问题与突破——基于利益相关者理论的分析视角[J].民族教育研究,2019,30(01):30-37.

[13] 向敏,马东影,卓泽林.包容性创业教育:美国高校创业教育的新范式[J].教育发展研究,2019,39(21):69-77.

[14] 王雁,张竹,李承霞.中国高校开展创业教育的关键要素与基本模式[J].中国高等教育,2019(17):44-46.

[15] 陶慧.项目驱动与卓越工程师教育培养模式下大学生创业教育的探索——评《大学生创新创业实务指导》[J].高教探索,2019(12):138.

[16] 冯家俊.求职与创业指导[M].杭州:浙江教育出版社,2007.

[17] 应秀芳.创业指导与案例分析[M].杭州:浙江大学出版社,2006.

[18] 杨敏.创新与创业指导[M].杭州:浙江大学出版社,2011.

[19] 彭亮.毕业设计与就业创业指导[M].上海:上海交通大学出版社,2013.

[20] 陈军,林振衡,谢海鹤,等.基于第二课堂的电子技术应用型人才培养体系的构建与实践[J].渭南师范学院学报,2016,31(6):26-31.

[21] 李凯.基于胜任力的大学生创新创业能力素质培养与评价[J].高教学刊,2018(6):29-31.

[22] 周睿,徐静.以创新创业竞赛推动大学生职业核心能力培养的研究[J].价值工程,2018,37(9):215-216.

[23] 田蕾.创新创业能力培养视角下的大学生就业指导模式构建[J].领导科学论坛,2018(3):61-63.

[24] 黄惠莲,陈仁保.高校创新人才培养的困境与出路[J].湖南城市学院报,2013,34(4):99-104.

[25] 张明辉,赵地.大学生创新创业能力培养策略的研究[J].科技经济导刊,2018,26(3):112.

[26] 范仲文.大学生创业能力构成及培养方式的创新思考[J].四川劳动保障,2018(S1):17-18,10.

[27] 张孝丽,张国胜.高校大学生创新创业能力培养存在的问题及对策研究[J].农家参谋,2017(20):154.

[28] 昝宏洋,杨勇,刘华旭.以大学生能力培养为目标的创新创业教育体系建设与研究[J].传播力研究,2017,1(10):202.

[29] 刘与愿. 基于互联网+的大学生创新创业能力培养策略研究[J]. 现代际, 2016(21):20.

[30] 尚泽慧. 关于创业大赛对学生创新创业能力培养的思考[J]. 人才资源开发, 2017(4):197.

[31] Steurer, R. Mapping Stakeholder Theory Anew:From the `Stakeholder Theory of the Firm 'to Three Perspectives on Business-Society Relations[J].Business Strategy and the Environment,2005,15(1):55- 69.

[32] Kaler, J. Differentiating stakeholder theories [J].Journal of Business Ethics, 2003, 46(1): 71- 83.

[33] Mitchell,R.K.,etal.Toward a theory of stakeholder identification and salience: Defining the principle of who and what really counts[J]. Academy of Management Re-view, 1997, 22(4).

[34] McMeekin, R. Networks ofschools [J]. Education Policy Analysis Archives, 2003, 11(16): 116- 131.

[35] Mattingly,J.E.Stakeholder Salience,Structural Development,and Firm Performance:Structural and Performance Correlates of Sociopolitical Stakeholder Management Strategies[J].Business Society, 2004, 43(2): 97- 114.

[36] 王雁, 张竹, 李承霞. 中国高校开展创业教育的关键要素与基本模式[J]. 中国高等教育, 2019(17):44-46.

[37] 陶慧. 项目驱动与卓越工程师教育培养模式下大学生创业教育的探索——评《大学生创新创业实务指导》[J]. 高教探索, 2019(12):138.

[38] 黄斌. 三螺旋理论下创新创业教育研究[J]. 中国高校科技, 2019(11):69-72.

[39] 约翰·亨利·纽曼. 大学的理想[M]. 杭州：浙江教育出版社, 2001:2-5

[40] 德里克·博克. 走出象牙塔——现代大学的社会责任[M]. 杭州：浙江教育出版社, 2001:1-8

[41] Mitchell. Toward a theory of stakeholder identification and salience: Defining the principle of who and what really counts[J]. Academy of Management Review,1997,22(4):853-886

[42] 王雁, 张竹, 李承霞. 中国高校开展创新创业教育的关键要素与基本模式[J]. 中国高等教育, 2019(17):44-46.

[43] 黄荣杰. 地方高校创新创业教育的理论及实践探索[J]. 中国高等教育, 2019(09):41-43.

[44] 徐小洲. 转型升级期高校创新创业教育生态系统建构策略 [J]. 教育发展研究 ,2019,39(Z1):102-108.

[45] 刘月秀. 生态系统视域下美国高校创业教育探析［J］. 中国高等教育，2012(10)：61－63.

[46] 李琳璐. 斯坦福大学的创新创业教育：系统审视与经验启示 [J]. 高教探索 ,2020(03):56-65.

[47] 罗正业. 困境与路径：基于利益相关者的高校创新创业教育研究 [J]. 黑龙江高教研究（北大核心），2020.07.

[48] 罗正业，刘定巧. 基于价值链的高校创业教育利益相关者网络结构研究 [J]. 铜仁学院学报，2020.04.

[49] 利罗正业. 益相关者视角下高校创业教育支持体系的构建 [J]. 延边教育学院学报，2020.10.

[50] 罗正业，邱雪超. 利益相关者视角下高校创新创业教育研究 [J]. 山西青年，2021.03.

[51] 罗正业. 利益相关者视域下高校创业教育存在的问题与对策探赜 [J]. 成才之路，2020.12 月

[52] 罗正业. 基于利益相关者的高校创业教育组织变革 [J]. 教师，2021.03

[53] 罗正业. 国内外高校创新创业教育比较研究 [M]. 长春：吉林出版集团股份有限公司，2020.04

[54] 习近平. 谈治国理政第二卷 [M]. 北京：外文出版社，2017，501，512.

[55] 习近平. 在第二届"一带一路"国际合作高峰论坛开幕式上的主旨演讲，2019 年 4 月 26 日.

[56] Steurer, R. Mapping Stakeholder Theory Anew:From the `Stakeholder Theory of the Firm 'to Three Perspectives on Business-Society Relations[J].Business Strategy and the Environment,2005,15(1):55- 69.

[57] Kaler, J. Differentiating stakeholder theories [J].Journal of Business Ethics, 2003, 46(1): 71- 83.

[58]Mitchell,R.K.,et al.Toward a theory of stakeholder identification and salience: Defining the principle of who and what really counts[J]. Academy of Management Re-view, 1997, 22(4).

[59] McMeekin, R. Networks ofschools [J]. Education Policy Analysis Archives, 2003,

11(16): 116- 131.

[60]Mattingly,J.E.Stakeholder Salience,Structural Development,and Firm Performance:Structural and Performance Correlates of Sociopolitical Stakeholder Management Strategies[J].Business Society, 2004, 43(2): 97- 114.

[61] 方宝，韦健."一带一路"背景下中国—东盟传统医药教育合作：可为与使为 [J]. 中国卫生事业管理 ,2021,38(10):776-780.

[62] 王喜娟，朱艳艳. 中国—东盟高等教育合作特点及其发展空间 [J]. 高教发展与评估 ,2019,35(03):1-7+109.

[63] 刘琪. 中国—东盟中等竞争力水平国家高等教育合作路径探析——基于马来西亚、泰国高等教育发展状况的分析 [J]. 中国高教研究 ,2017(07):62-67.

[64] 周谷平，罗弦. 推进中国 - 东盟高等教育合作的意义与策略——基于"一带一路"的视角 [J]. 高等教育研究 ,2016,37(10):37-41.

[65] 季飞，雷幸娟，吴舢妤. 中国—东盟高等教育合作政策的创新扩散——基于 45 份政策文本的量化分析 [J]. 教育文化论坛 ,2020,12(06):56-69.

[66] 马早明."一带一路"背景下中国与东盟高等教育合作的策略选择 [J]. 华南师范大学学报 (社会科学版),2017(01):70-72.

[67] 崔亚楠，文雯. 中泰高等教育合作交流进展与挑战 [J]. 高校教育管理 ,2022,16(01):100-109.DOI:10.13316/j.cnki.jhem.20211224.009.

[68] 王琪，张菊霞. 中国—东盟职业教育合作：实践样态与优化策略 [J]. 职业技术教育 ,2020,41(27):24-28.

[69] 黄尧，邓文勇，陈伟."一带一路"建设背景下中国—东盟职业教育合作：动因与路径 [J]. 教育科学 ,2020,36(04):83-89.

[70] 覃艳娟，韩书争."一带一路"背景下中越高等教育合作的成就、挑战与对策 [J]. 民族教育研究 ,2019,30(05):66-72.

[71] 任胜洪，刘孙渊. 高校创新创业教育政策的演进逻辑及展望 [J]. 教育研究 ,2018,39(05):59-62.

[72] 顾金良. 创业教育吸引力提升：基于学生视角的思考 [J]. 中国高等教育 ,2019(18):50-52.

[73] 余小茅. 西部高校创新创业教育的环境建设 [J]. 教育研究 ,2018,39(05):72-75.

[74] 芮鸿岩，刘大卫. 创业型大学的理论与实践探索 [J]. 中国高等教育 ,2019(18):47-49.

[75] 丁莹莹,李铮.基于Grey-DEMATEL的我国大学生创新创业教育制约因素识别研究[J/OL].湖北社会科学,2020(01):151-157[2020-01-25].https://doi.org/10.13660/j.cnki.42-1112/c.015265.

[76] 严毛新，徐蕾，何扬飞，姚垚.高校创业文化的内涵、价值及培育路径［J］.中国高教研究，2019（3）：61-65.

[77] 徐小洲.中国创业教育研究的特征和趋势［J］.中国高教研究，2019（3）：52-62.

[78] 韩萌.剑桥大学学术创业集群的构建及其启示[J].高等教育研究,2020,41(01):99-106.

[79] 王志强,朱黎雨.以色列创新创业教育生态系统的构建及其启示——以以色列理工学院为例[J].河北师范大学学报(教育科学版),2020,22(01):67-74.

[80] 张慧.论创新创业教育的应用型大学英语课程教学改革思路及模式[J].黑龙江教育学院学报,2019,38(12):131-133.

[81] 宋宇辰.适应混合式教学的高校教师教学能力提升途径探索[J].科技视界,2021(24):164-166.

[82] 王燕.混合式教学在应用型本科高校课程教学中的应用研究[J].黑龙江科学,2021,12(15):112-113.

[83] 张焕敏,杨小艳,王静.混合式教学在药理学课程教学中的应用[J].黑龙江科学,2021,12(13):116-117.